大相撲に魅せられて

赤嶺逸男

国書刊行会

はじめに

私は少年時代から相撲が大好きで、そのころすでに毎月のように相撲雑誌を購入して毎日夢中になって読み耽っていた。吉葉山（当時関脇）が好きで、短波放送のひどい雑音を我慢しながら、必死の応援をしていた。当時私の住む沖縄は大相撲放送を聞くにはこれしか手段がなかった。もちろん、テレビ中継などまだやっていない。画像で見られるのは映画館の大相撲ダイジェストぐらいで、沖縄でテレビ中継が実現したのは奄美大島にマイクロウェーブの施設ができてからのこと。相当後の本土復帰が近くなってからである。

高校を卒業して、進学のため上京した。本場所が生で観られると思うと、これからの生活が夢見心地であった。以来、東京での本場所観戦は欠かしたことはなかった。初日から千秋楽まで全部観戦した場所も何度もあった。それからの私は、相撲というものが人生から切り離せないものになっていた。相撲には人それぞれの観方があり、私も独自の勝負への関心をもって土俵の一勝負ごとに熱中した。そんな私もいつしか土俵というものをある種の感情をもって親しむようになっていた。勝負への関心はもちろんであるが、土俵を取り巻く大きな雰囲気の中に埋没することによって相撲への興趣が更に増した。相撲は、長い間悠々として日本民族の骨格を形成してきたと私は確信している。だが、最近その確立されていたはずの伝統国技大相撲の真髄が揺らぎ蔑ろにされているきらいがある。

相撲をこよなく愛するが故に、大相撲の将来に強い危機感を感じる。その思いで書きしたためてきたものを、ここにまとめてみたものである。

赤嶺逸男

平成十七年二月　武州八王子の寓居にて

目次

愛すべき相撲情緒

相撲道を考える

土俵に熱き思いを

神事としての大相撲

一、伝統とその認識

言わずと知れた事ではあるが、相撲の起源は相当に古い。

敢えて時代的考証や周知の事をここに改めて述べることはさておいて、ここでは相撲とは全体いかなるものであるのか、その本質を改めて考え直すとともに、我が国古来の伝統文化である相撲を、今一度見直してみたいと思う。時の流れの中で国技大相撲の現状認識が真に本質を理解出来ている状況なのか、ここに再考して見ることは、長年、相撲を人生とオーバーラップさせてきた人間にとっては軽々しい問題ではない。

したがって昨今の相撲界の状況について一石を投じたい思い抗しがたく、敢えてここにその所

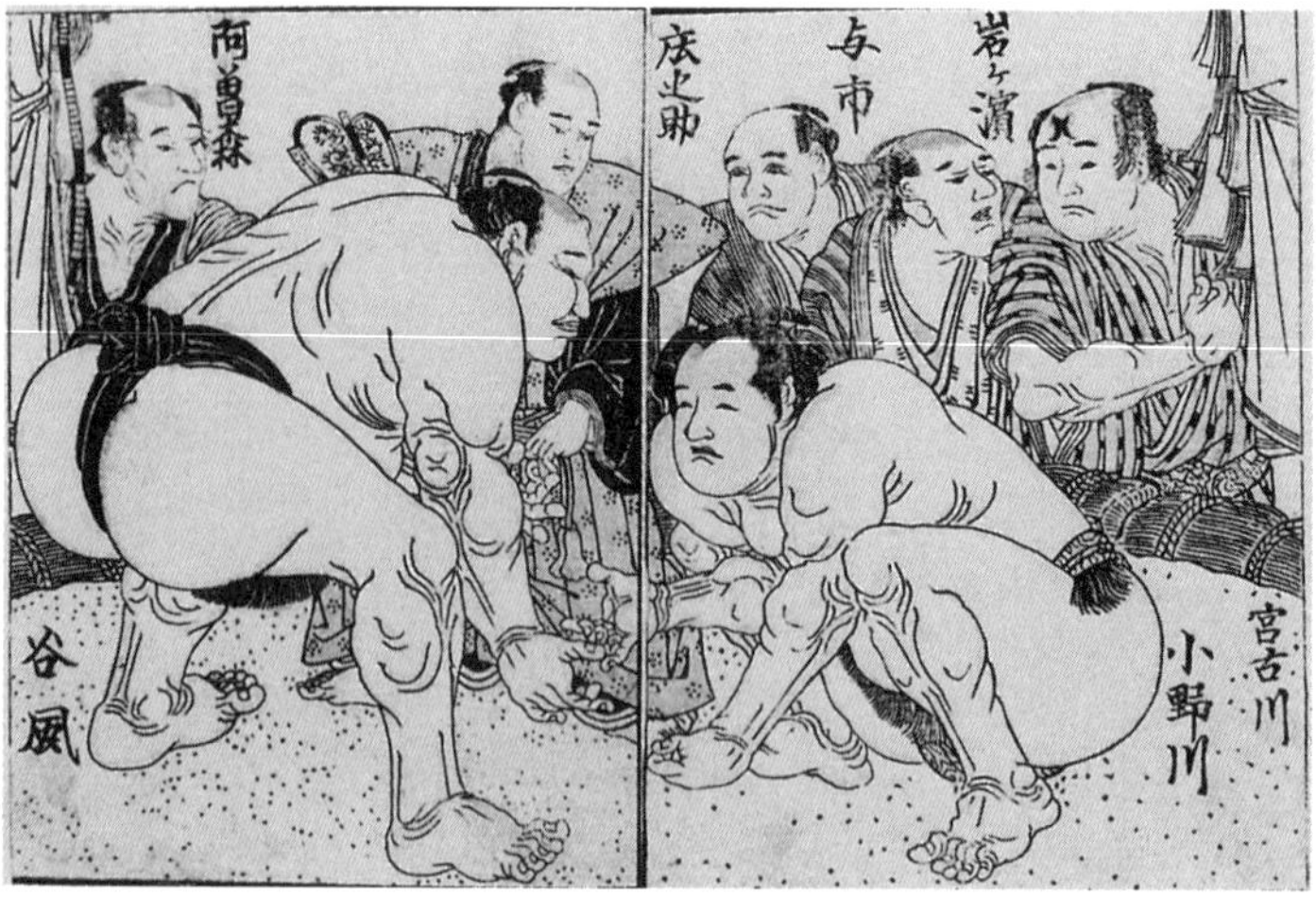

谷風と小野川の立会い図　勝川春英画　天明４年

見を述べさせて頂きたいと願うものであり、また苦言を呈したい思いも多々あるのである。

　わが国の各種の伝統文化は時代の潮流の中で存亡の危機に直面しているものも少なくない。当然その保存維持の行政的管轄権をもつ文部科学省は、それなりの手段を講じているのであろうが、わが国技大相撲もまた例外ではないのである。

　マスコミや大衆がこぞって相撲人気の低迷を叫んで久しい。つまり相撲人気についての批評であって、短絡的に人気低迷が存亡の重大な問題だというのである。固有の伝統文化を単なる人気のバロメーターでもって存亡云々を声高に騒ぐ必要が果たしていいのだろうか。

　伝統文化を人気の度合で判断しようとする考えにもともと大きな誤解がある。そのような判断をする民族はあまり知性的とは言い難く、人々の感性はすでに地に落ちている。

大きな誤解を少々分析してみよう。

現代の人達は、西洋移入の近代スポーツに強い興味を示す。特に若い人達にその傾向がある。決してそれ自体が悪いことではない。テレビの普及以来、スポーツ観戦は老若男女を問わず広く定着した。プロスポーツの競技を中心にスポーツ全般が国民の関心の的となっている。誠に健全で結構なことだと思う。

ところが、この近代スポーツに馴れ親しんだ人達は、常にその求める第一義的なものが勝負、すなわち勝ち負けが圧倒的興味の対象であり、それ以外の要素は、ほとんど関心外の事なのだ。わが国の伝統である大相撲は国技である。世界各地にこれに似た競技はあるが本質は全く異なる。その違いの最大のものは、大相撲は競技でもスポーツでも勝負本位のものでもない、という認識である。当然それらの要素も含まれているが、他のスポーツと完全に一線を画するものである。

つまり、大相撲というものは神事、そのものと理解してよいだろう。神前に五穀豊穣を祈願し、わが民族に代わって、身体を潔斎した力士がその精進を誓い奉納の相撲を行うのである。長い間にはその様式や形態に除々に変化が見られるが、終始一貫変わらぬのは神事という本質である。神を慰め喜ばすと考える素朴な思想である。

そのような大相撲は、決して近代スポーツ的な眼でその全てを観たり評論すべきものではないのである。興行的要素も当然ある。番付という勝敗の結果による順位付けもある。しかし、これらは二次的なものであり、相撲の本質とは異なるという事を、われわれは日本人としてしっかり認識する必要がある。

最も話題になる相撲人気の問題や八百長論議、日本人力士の弱体化、大相撲社会の非近代的な面について等々、いろんな雑評が世間の声としてあふれている。これらの事を声高に論ずる人達は、概して若い人に多い。

改革説や合理化論を唱える層は、大相撲という伝統性を色濃く残す特殊性を端から無視して、近代スポーツを観るような眼でもって論ずる。

例えば、連勝記録だの、連続優勝回数、勝率等というものをことさらに論じ、いかにもその点が最も大事だと言わんばかりの認識である。そのようなものは単なる相撲の抜け殻であり相撲そのものではないということを全く解っていないのである。

とかくこれらの人達は、大相撲が隆盛しようが廃れようが実はいっこうに関係のない輩である。とにかく大相撲の人気低迷とか云々をこの人たちに論じてもらわなくとも、よしんば近代性や合理性が他の競技に比べ少なくても、相撲は、そのような事に関わりなく、しっかりとその揺るぎない伝統をこれからも堂々維持していくに違いない。

二、晩節を汚す

どの世界においても、惜しまず積み上げてきた功績を晩年において無残にも台無しにしてしまう事例を見かけることがある。世にいうところの晩節を汚すという事である。

最近角界において大小二つのこの状況をみた。

一つは大きいほうである。相撲愛好家にとっては、大変な衝撃であった。現在の角界の抱える年寄株の問題それに対する協会内部の不信感、それらの最大の原因を作り出した事件である。これは既にマスコミ等で報じられて周知の（相撲世界に国税当局の捜査の手が入るという前代未聞の不祥事）ことである。土俵の鬼と言われた若乃花の起こした不祥事の事である。「栃若」時代とうたわれ一世を風靡した力士が、好敵手栃錦の大恩を（理事長を禅譲した事）仇で返すこととなったと、大いに非難の的にされて当然であろう。こともあろうに先代二子山元理事長の代で、協会の最も触れられたくない問題、年寄株の実態が国税の手で暴かれるとは、誠にもって残念に思う。少なくとも大相撲というものを心底愛してきた私にとって、許すべからざる行為であった。

もう一つの小の事例であるが、是れなどは肝心のマスコミが何処まで問題視するか解らないが見逃せないことである。小兵力士舞の海の活躍に刺激されて、教師からすでに力士の峠を越したと思われる年齢を意にかいさず角界に飛び込んだ智の花のことである。一応三役も経験したし、まずは何とか体面は保てたと思われたが、なにぶん家族を抱えた状態が常に土俵の華やかさとは裏腹に、重苦しい雰囲気を感じないではなかった。晩年は明らかに力が落ち、十両の地位をとうの昔に明け渡してもおかしくない状態であったが、何故かここ数場所その地位を保っていた。今場所いよいよ年貢の納め時がきて春場所の幕下陥落は決定的となった。本人談話は「最後まで相談する人もあるので慎重に考えたい」とある。ということは次の場所は幕下にあっても時を稼いで現役に止まるということである。もちろん出場するつもりなどあろうはずもない。何故このような処置をとらねばならないのか。場所が終わった三日目の水曜日には次の番付編成会議がおこなわれ、それまでに引退届けの無い者は次の番付に載るのである。番付には枠の制限があり、次代のホープが、そのためにあおりをくってしまうのである。現役を続行する気のはっきりしない者は、一刻も早く引退届けをするのがこの世界の常識である。それが彼は自己都合しか念頭になく、相撲界のしきたりなど眼中に無かったのであろう。聞くところによれば準年寄の申請をするとのことであるが、こんな了見の力士に親方としての資格があろうとは思えない。協会は理事会において慎重に審議して形式的に承認しないことを希望したい。年寄襲名の理事会承認には何か安易さが感じられていつも疑問をもっている。

（平成十三年九月二四日）

三、横綱審議委員会委員長にもの申す

平成十四年九月二日。この日横綱審議委員の稽古総見があった。注目の貴乃花は顔は見せたが申し合いには加わらなかった。連日の新聞報道等の情報を総合的にみても、彼の怪我の回復が遅れていることは疑いのないことであった。にもかかわらず、横審は「これ以上の休場は認めない」という。一体、横審の連中に相撲の見識なるものがあるのか、どうか、いつもの通りあぜんとさせられる発言が余りに多い。

特に委員長先生、この人はスポーツ音痴ではないかと思わせるほど、その言動に疑問が多い。プロ野球球団のオーナーらしいが、このような人物が中心になって運営されている日本のプロ野球はやがて衰退することは間違いない。プロ野球の行く末などどうでもよいが、国技大相撲がこの程度の人間を横審委員長に据えていることには、いささか相撲の将来に一抹の不安を覚える。即刻、辞めてもらうべきである。

貴乃花の出場について横審の勧告は無見識である。彼は明らかに怪我の回復が思わしくない。

協会の宝として希有な存在である彼を無理やり引退へ追い込もうとしている。この横審の連中の軽薄さには腹が立つ。

この日の総見談話の中で委員長が「四股は流石に横綱らしく迫力があったが、土俵にあがらなかったのには失望した」と発言して角界人の失笑を買った。迫力ある四股の踏める力士が申し合いをしないはずがない。彼は明らかに状態が悪いのである。玄人が観れば相撲が取れる状態かどうか一目瞭然である。

しかし、横綱は出場勧告を受けるつもりでいる。それは即、引退を意味する。七場所休場したのは何のためだったのか。充分なる回復をさせて、再びこの類い稀なる名力士の相撲を期待したからではないのか。ここまで休んで未だ不十分なら完全な回復の機会を与えるべきではないのか。何故、無見識な横審が、あたら名力士を潰すことに手を下すのであろうか。

もし、貴乃花がこの場所で引退に至れば横審も解散すべきである。なぜなら彼らの横綱推薦が無責任なものとなるからである。大体、何を根拠に横審のメンバーを選出したのか大いに疑問である。ただの各界の有力者にすぎぬ者達、挙げ句の果てには協会もいよいよ人気取りに苦慮したと見えて、追っ掛けにすぎぬおばさんまで委員にする始末。大いに一考を促したい。

去る三月場所における観客のアンケート結果は、大相撲の現状認識を示すものだった。大方の意見は女性が土俵に上がることには反対だと考えている。例のゴリ押し女性知事のことである。

女性自身のアンケート結果にも同じ意見が出た。男女同権の名のもとに長年の慣行を破るのは、まちがっている、と女性の回答でもそう答えている人が大半であった。

四、大衆の移り気

マスメディアや大衆がこぞって言いたてる昨今の大相撲人気の低迷。まるで某首相の支持率の上下と同次元並みの扱い方である。これは大相撲というものの本質を日本人が忘れ去っているのではないか、と訝りたくなるような現象である。

そもそも大相撲とは何であるのか。一般スポーツとは決して同次元でないと断じておこう。ましてや人気に左右されるような芸能的なものとも全く違う。

すなわち、大相撲は神事なのだ、ということである。日本人の深層に息づく伝統的精神構造文化の代表的なものなのである。

時代の変遷によって徐々に表面的な形式は作り替えられてきたが、それは時の影響の与える必然的なものであり、本質に至っては今も昔も何ら変わりはしない事は当然である。これが結論である。このような存在である大相撲を近代スポーツに求めるような見方をする一般大衆（断っておくが彼らは大相撲が滅ぼうが栄えようが、まったく関係が無い人達である）。例えば八百長論議など、その最たるものである。近代スポーツに馴れ親しんでいる現代人（若年層を中心に）にとってフェアーでない勝負など排斥すべきものであり、ましてやそのようなものが盛んになることなど望みもしなければ認めがたいものなのである。

しかし、八百長論議などで伝統大相撲の全体像と奥行を軽々しく論ずる輩には、所詮その本質を理解するのに無理がある。

単純なスポーツ競技と混同すべきでないのが大相撲である。

相撲の勝負にマスメディアや一般大衆のいう八百長が存在するとは全く考えていない。角界全体の構成や奥行を理解しなければ、フェアープレーでなければ納得しない人達にとっては相撲の勝負は全て怪しげに映るのである。相撲の隆盛などどうでもよい輩には、決して二度と相撲を観戦していただかなくてもよい。大相撲にとっては、このような人達は迷惑千万な存在なのである。

さて、このような状況下に大相撲はいったい何処へ行ってしまうのか。心配はご無用。例え国技館が半分以下の入りになり続けても、少しも嘆く必要などないのである。純粋に伝統を維持する心ある人々は、まだまだ沢山いる。訳の解らぬものたちの入場などあてにせぬことだろう。一時期、若貴の台頭期（平成三年から四年の頃）の国技館の雰囲気たるや心ある好角家からみると眉をひそめるものがあった。

ミーハー連で埋め尽くされた国技館は一瞬どこかの若者向けイベント会場かと錯覚を覚えたものだ。当然連日満員御礼の垂れ幕が下がった。

こんな国技館に足を運ぶ気が起こらないのは、私だけでは無かったはずだ。観戦マナーなど全く知らない満員の館内は異様であった。序の口、序二段、三段目、幕下辺りの少々マスクが良くて現代人好みの体型をした力士に向けてタレント並みの狂気の沙汰の声援がこだまする始末。不快などという生やさしいものではない。この時期、有望視された力士がどれ程このミーハー連の餌食になったことか。修業中の若者達は他愛ない色仕掛けに、ひとたまりも無かった。毎場所のように有望力士の名が番付から消えていった。異常としか言いようのない状態であった。

さしもの若貴ブームも沈静化して、みるみる国技館へ足を運ぶ人が減っていった。

そしてマスコミや大衆は相撲人気凋落を言い立てた。マスメディアの異様な発達で、どんなものでも一度話題になると猫も杓子も飛び付く。大相撲がこれら気紛れなマスコミに踊らされたのだった。

真の好角家にとっては落ち着いて本来の大相撲が観戦できる待望の時が来た。しかし、スポーツの大部分がシーズンオフを迎えると、ネタに困ったマスコミが鵜の目鷹の目で餌を探し回る。

そこへ、かつてのブームの立役者、貴乃花が一年半振りに本場所の土俵に登場した。流石その人気は群を抜いていた。その場所は、手のひらを返したように貴乃花賛辞や相撲の話題にマスコミやミーハー連が飛び付いた。そして、さもしたり顔で貴乃花の偉大さを声を大にして称賛したのだ。まるで新しいヒーローを迎えるような状況である。それが突然、翌場所休場するとまたまたマスコミの気紛れ報道が始まり、大衆は本場所の土俵から遠ざかった。

明けて初場所が幕を開けた。場所前休場必至と思われた貴乃花が直前になって出場を表明した。マスコミは色めき立った。しかし、好角家は冷静である。何故なら、この急な出場は横綱の終焉を意味することだったからだ。

軽率なマスコミや大衆は再び秋場所並みの期待を求めた。それは無知な人々の考えることであり、実際は場所のどの時期に引退するか、それが焦点であった。

初日、二日目と勝ち星だけは拾ったが、心あるファンは既に横綱の力が衰えていることを見抜いていた。二日目の屈辱的な土俵上の姿にその全てが表われていた。そして三日目から休場、最悪のパターンであった。しかし、横綱は二日休んだ後、何と五日目からの再出場を表明、俄然周囲が騒々しくなった。マスコミは流石とか、無謀とか、好き勝手な記事を連載した。大衆も同じく無知さを曝け出し巷を賑わせた。

やはり日本国民は大相撲を忘れ去り、この伝統文化に対する大切な理解力を失ってしまっている。

横綱の再出場は、この忘れ去られようとしている伝統文化、本来の大相撲の復活に一石を投じたのである。彼は引退するつもりである。外国人の出稼ぎ大関が横綱になっても伝統大相撲の復活には何の役にも立たない。それを一番知っているのは横綱貴乃花である。

五、前代未聞「屈辱の二丁投げ」

横綱貴乃花が二場所ぶりに本場所の土俵に戻ってくる。平成十五年の初場所が開幕した。観客の不入りに悩む相撲協会にとっては、正に神様、仏様、貴乃花様、と言ったところであろう。それ程、この横綱の持つ存在感には一種独特のものがあることは、去る秋場所に八場所振りに出場した時の観客の興奮ぶりを見ても解るであろう。

貴乃花は、怪我の回復がままならず初場所出場が絶望視されていたのが、大方の予測を覆して出場を決意した。それが無理であることは好角家には承知のことであったが、横綱はギリギリの取り組み編成会議前日に、出ることを表明したのだった。

私はマスコミ各社の場所前の報道を連日注視していたが、これは引退必至、絶望的ともいえる出場とみた。去る秋場所での予想外の好成績に、今だに不可解なおもいを抱く私にとって、再び同じような上乗の場所になるとはとても思えなかった。

類い稀なる大横綱といえども、その長期の休場には素人でも判断出来るくらい、相当な肉体的衰退が顕著であったことは明白であろう。そのハンディは想像以上のものと思われる。

日々の稽古が当然の力士にとって、一年半もその稽古から遠ざかっている力士に、たとえ、相手が横綱といえども負けることなど考えられない。しかし、貴乃花は、それらの大方の見方を跳ね除けて平成十四年の九月場所で十二番の白星を挙げた。これは驚異としか表現のしようがない。

しかしながら、あれから四ヵ月余り、再度悪化した右膝の故障による極端な稽古不足が続くなかでの初場所出場である。無謀と言おうか、絶望的と言おうか、それは惨憺たる光景が土俵上に展開されるであろうことは、好角家なら大いに想像がつく。

そのような状況の中、初日の土俵に上がった。

彼の体の張りを一目看た瞬間、これは、横綱としての相撲が取れる状態には程遠い。一部の関係者が秋場所より良いと発言したことが空々しく聞こえるような「現状はあまくないぞ」と判断したのは、私一人ではなかった。

結果は辛うじて星は拾ったが翌日のスポーツ紙のカラー写真を見て愕然とした。

宙に飛んだ横綱の右足が大きく映し出された写真は、まるで還暦の記念に土俵入りをした、往年の横綱並みの張りの無い、たるみきった体であったということである。一方、負けた方の力士の土俵に落ちた腰や大腿部は見事に張っている。

これは正に引退力士と現役力士の差としか思えない惨状である。

相撲の勝負は実にメンタルな面が多いことは周知のことながら、兎も角、勝負には勝った。そして迎えた二日目、褌を引いて懸命に寄ったが悲しいかな、その圧力は弱い、と見る間に相手の左手が横綱の首に巻き付いた刹那、私は我が目を疑った。同時にテレビ画面に釘づけになった。相手は何と横綱に二丁投げを掛けたのである。あの大横綱の体は大きく宙に舞い、物凄い勢いで土俵の上に叩きつけられたのである。

五十年来、相撲を観てきたが二丁投げのような無謀極まる技が上位陣の取り組みで決まった記憶はない。ましてや相手は横綱である。私には掛けた方の力士もいささか、どうかと思うが、それぐらい理解しがたい出来事なのである。つまり二丁投げという技は、大体掛けた方が自ら崩れ落ちるのが普通なのである。鍛え上げられた力士同士に通じる技とは言い難いものである。稽古場で段違いに実力の差がある場合、時折見かけることはあっても、こともあろうに、その無謀な技に天下の横綱が、脆くも宙に舞い土俵に叩きつけられた光景は余りにも無残であった。

横綱が土俵で投げられても不思議ではない。しかしこの二日目の光景は決してあってはならない姿である。がしかし、相撲というものは誠にもって不思議な要素を持った競技ではある。

屈辱の荒技を食らった横綱が物言いに助けられ、取り直しの末、経験の差を見せて勝ちを拾ったのだから面白い。これでこの場所、二連勝のスタートとなった。

さて、勝負は勝てば文句は無いのであるが、今場所の横綱は全くその状況が違う。無残な二日間の土俵である。栄光の限りを尽くした力士として彼は、明日、三日目にでもその名を汚すことなく引退を表明すべきであろう。

一般のファンならば、勝ち続けている力士が何故、引退を、と訝るであろうが、好角家の眼には、もう限界が来ていることは明白である。

前代未聞の屈辱を味わった姿は、永久に語り草になるであろう。

彼は絶対に今場所の土俵に上がるべきではなかった。相撲は甘くない。なまじ秋場所の好成績が、流石の横綱をして思慮を狂わせたのであろうか。

しかし、本当に責任を取らねばならないのは横綱審議委員であることは、今更いうまでもない。

（平成十五年一月十三日、初場所の二日目を終えて）

六、横綱魁皇実現の急務

平成十六年納めの、九州場所が幕を閉じた。

場所の最大の焦点は、大関魁皇の綱とりであったが、結局、実現しなかった。そのことは重大な課題を残した。

大相撲が最大の危機を招いた、といって過言ではない。

昨今の大相撲界には急務な課題がいくつかある。

人気の低迷とか、力士の健康管理の問題。外国人力士に席巻されている現在の大相撲に嫌気のさした、たくさんの人達の相撲ばなれ。これらの課題について相撲協会は、いたずらに手をこまねいているとしか思えない。

それから、ケガの多発。それは異常な力士の肥満傾向と、慢性的な稽古不足に端を発し、糖尿病などの力士にとって致命的な病気をも誘発する。以上の問題は、次に述べる事と重大な関連がある。

相撲人気の凋落。当面の問題は、日本人力士が外国人力士に圧倒されている現状で相撲ばなれが加速している、ということである。

しかし、外国人力士に負けることは必ずしも失望することではない。彼等は民族的に肉体面で優れているから当然である。むしろ、日本人力士が奮闘している、と評価してもよい。この事は、単なる土俵上の勝負のことであり、世間や、マスコミが騒ぐほど問題にする事ではない。

現在の最大の問題点は、大相撲の本質が変質しつつある、という事である。すなわち、伝統大相撲の本質を絶対に維持しなければいけない、という事である。

外国人が最高位の横綱に一人君臨して、本来の横綱たる模範を全く示すことが出来ず、伝統無視の行動をとり続けている現状に重大な大相撲の危機感を抱くのである。

先々場所から相撲協会をあげて土俵所作の徹底を全力士に通達指導したにもかかわらず、手刀の切り方ひとつを取り上げても、この外国人横綱は全く無視して守ろうとしない。肝腎の土俵入りの所作について、それのもつ意味を理解する気持ちなど毛頭ない、と見うけられる態度である。せりあがりの型など、お粗末極まる。

この横綱は勝ちさえすれば全てよい、という言動が常にある。他の外国人力士が、そんな事を真似ようものなら、伝統維持などたちまち消し飛んでしまう。由々しき問題である。

現状改善が急務なのは誰の目にも明らかである。

伝統大相撲を守り通せる、真の横綱の誕生が待たれるのは必然である。該当者が全く存在しなければ困るが、現実には立派な力士がおる。大関魁皇である。

この力士に角界の急務を委ねなくして、いったい、相撲協会は如何なる方法がある、というのか。伝統大相撲の危急存亡の今、横綱魁皇の出現は不可欠のことではないのか。なぜ相撲協会は、手をこまねいていたのか。優勝した秋場所の横綱昇格も、当然、実現させるべきであった。

それどころか、今場所も見送った。形式にすぎない内規論だけを声高に論じて真の状況判断の出来なかった関係者。断言するが、理事長、勝負審判部、この人達の見識のなさには絶望感すら覚える。審判部にいたっては、先場所の琴ノ若、朝青龍戦の大誤審に続いての今回の大失態。是非、現在の審判部の部長以下の総入れ替えを願いたいものだ。それは横綱推挙の鍵を握っているのが審判部だからである。

魁皇の気持ちの糸が切れないことを願わずにはいられない。千秋楽の結びで勝ち名乗りを受けた魁皇の眼が潤んでいたのは、何を物語っていたのか。

賞味期限は、もういくらも残っていない。事は火急を要す。

大相撲は日本人の精神文化

一、伝統大相撲　再構築の問題点

王朝時代の節会相撲、武家社会の上覧相撲、江戸の勧進相撲、その後明治になり大正に移り昭和へと、時代の推移に伴い、角界は諸改革の問題を抱えながら、紆余曲折をへて今日に至っている。

神事を本義として営々と発達、そして変化を遂げてきた我が国固有の伝統文化大相撲。その揺るぎない基盤を築いてきた相撲界は、平成の今日、はたしてどんな課題を抱えているのか、またその行く末はどうなるのか、改めてそれらの事を浮き彫りにしてみる必要がある。

この伝統文化に大きな衝撃を与えたのが、外国人による初めての天皇賜杯獲得であった。米国

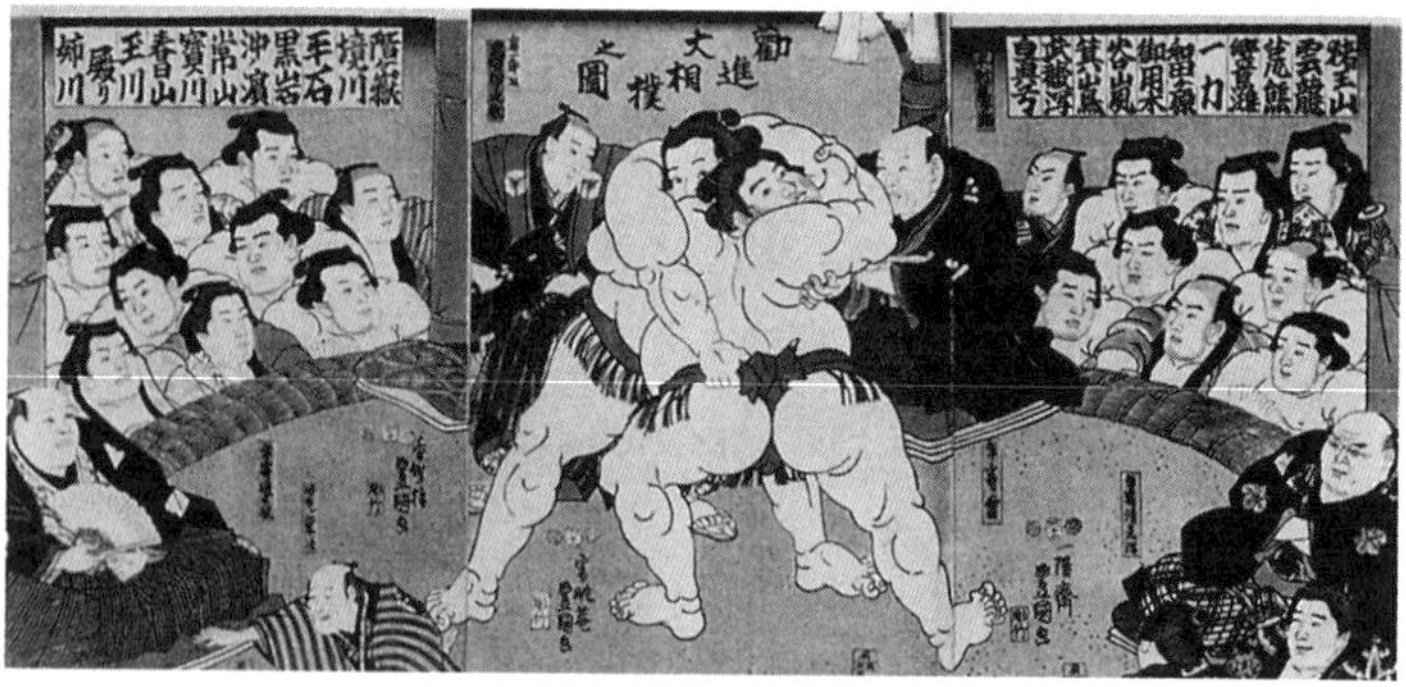

土俵上でガップリ取り組む雲龍と境川　豊図画　安政３年

大統領の祝電まで頂いた、かの高見山の出現である。彼は異国の生活習慣にも耐え、封建性の強く残る角界で成功した。その後、親方として後進の指導に当たり、遂に自ら育てた外国人横綱第一号を輩出した。今では日本人以上の日本的人間として衆目の認めるところである。

彼に刺激されて、その後続々と出身地ハワイの若者達が第二の高見山を夢見て角界入りしたことは記憶に新しい。大関へ昇進した小錦、横綱になった曙と武蔵丸、これらの力士を筆頭に関取に昇進した者も多数現われた。

民族特有の巨大な肉の塊のような体格に、日本人力士は大苦戦をした。その事は、残念とはいえ、特に問題とすべきものでは無かったと思う。各部屋の親方は競ってハワイ出身の入門を画策した。その数はかなりの勢力となりつつあった。ところが小錦の「人種差別発言」に端を発した相撲の本質に繋がる彼らの理解の限界が、好角家の眼には外国人力士の入門制限の必要性を感じさせた。

それは日本伝統の純粋性を守ろうという気持ちから出た当然の発想であった。

協会は以後ハワイからの入門を禁止した。現在、角界にはハワイ出身の現役力士はいない。横綱武蔵丸の引退を最後に全て姿を消した。小錦の年寄襲名後の芸能界転出、曙のK―1転向が続いた。それぞれ日本国籍を取得して相撲界発展に寄与するはずだった力士である。やはり相撲界に馴染めない、と述懐していることに大きな問題が残る。彼等は相撲という競技には向いていたのだろうが、国技大相撲の担い手としては適格者とはいえなかった。

現在、モンゴルを筆頭に、ヨーロッパ各地からかなりの数の外国人が入門してる。モンゴル勢の中からは外国人三人目の横綱まで誕生している。その他の同国出身の関取も増えはじめ、下位にも相当関取になれそうな力士が大勢いる。ごく近い将来モンゴルの関取の数は大勢力となるだろう。

彼等は今の日本の若者より数段この相撲という競技に適応している。だから日本人力士はなかなか勝てない。これは事実である。ヨーロッパの力士も相当強いのがいる。彼等もひとつの勢力を形成するだろう。

さて外国人力士の事に注目が集まったが、ここで見逃せないのが学生出身力士の存在である。昭和三十年代半ば、東京農大から学生横綱の内田のちの大関豊山が角界入りした。それまでも学生相撲の入門はあったが、めぼしいのは戦前の関脇笠置山が早稲田から角界入りしたぐらいのもので、その影は薄かった。

ところが学生初の大関が誕生したときから、にわかに学生相撲の入門が盛んになった。彼等は基本が出来ていてある程度の力量があるゆえに、下積み生活を免除され、幕下付けだし待遇のスタートを切った。大概の者は数場所で関取の座を獲得するので、これに刺激されて後続の学生相撲がどんどん入門してきた。そして横綱も誕生した。大関や三役も珍しくないくらい、その数は角界の一大勢力となる。

やがてその中から年寄になる者も続々と現われる。部屋持ちの親方も増えた。とうとうそれらの親方が育成した中に横綱も輩出した。今やその横綱が唯一の最高位者であり平成十六年には全勝優勝も達成した。

しかし、現在の角界の主流を占めるに至った学生出身力士、モンゴルの大量の力士、そして台頭してきているヨーロッパの力士、この分布図を見ていると大相撲の将来に大きな危惧を抱かざるを得ない。

何故にそのような心配をするのかといぶかる人も多いだろうが、今述べてきた力士達は大相撲の本質がすなわち伝統文化の国技であるという認識がかなり欠如しているという事実である。それは学生、外国人を問わずである。

伝統国技大相撲は単なるプロスポーツとは異なるということ、そして勝負のみを重視する競技とも違うという点、極めて重要な認識を持つ必要があるということなのである。

このような特殊な世界には長きにわたる習慣があり、厳しい規律も存在する。現代社会から見ればそれは甚だしく封建的といえる面も大いに残っている。それらの古典的背景の中に独特の大相撲の伝統様式美が形成されているのである。それ故に国の重要な文化として公益法人という特別な計らいまでなされているのである。

そんな世界に近代スポーツ的視点や勝負本位の見方を持ち込んだらどんな結果を招くことになるのかを、心ある相撲愛好家は憂うのである。現在の角界の様相はこの憂うべき状態に直面していると思われる。

私は外国人出身力士の感覚の中にアメリカンドリームならぬジャパニーズドリームが潜在しているのだろうと考えている。それ自体が決して悪いとはいわない。人の自由が束縛されるいわれはないからだ。ただ、その結果に私達は注目すべきだ。

相撲協会の年寄規定には日本国籍を有する者がなれる、と明記されている。そこで外国出身力士でそれを望む者は帰化申請をして日本国籍を取得しているのである。小錦も曙も年寄資格取得のために帰化申請をして日本人になった。ところが引退した途端、あっさり相撲協会を去った。そして日本で別の仕事に転向した。何か割り切れぬ思いがするのは当然である。

三人目の外国人横綱朝青龍は、横綱昇進時の発言で日本に帰化するつもりはないと明言した。

モンゴル人であることに誇りを持っているからだという。その発言にも何か割り切れぬものが残った。それはすなわち将来角界に残り後進の育成をすることを拒否する事を意味する。そのような力士を横綱に推挙すること自体問題ではないのか。

今一度、横綱とはどうあるべきかを考え直す必要がある。私がジャパニーズドリーム的感覚が外国人力士の中にあると言ったのは、以上のことで解っていただけたと思う。

相撲協会は、国技の継承者を育成する義務があるのはいうまでもない。現状の外国人力士の問題には様々な影響が予測される。今後の大相撲の在り方にも大きな波紋を投げ掛けているのである。

だいたい大相撲の国際化というものが必要な事なのだろうか。先にも述べたが、まず大相撲は伝統国技として厳然として位置付けされている存在である。部分的にスポーツ的要素や興行的面もあるには違いないが、本義本質は述べた通りである。

このような大相撲を敢えて国際化しようと考える人達がいることに不思議な思いさえする。

わが国伝統の柔道は国際化され、オリンピック種目にもなって世界中に広まった。それは創設当時から、従来の柔術を色々改善して近代スポーツとして発展させようという創始者の意図があった。その意を汲んで今日に至ったのである。つまり近代スポーツとなった訳である。

以前には柔道は武道であるからスポーツ的解釈は無用である、という意見も数多くあった。しかし、競技としてのスポーツ性から次第に世界的になっていった。その陰には本来的柔道が失われていったという声も強い。

大相撲は、その点柔道とはその背景が全く異なる。固有文化としてその純粋性を残す必要がある。私は大相撲の伝統保持を論じているのであって、相撲が国際競技となりオリンピック種目になることに異論を唱えているわけではない。

固有文化とは純粋性を伝承するものであり、それを阻害する原因があればただちに除去するべきであろう。

次に、学生相撲出身者が一大勢力を占めている角界の現状についてだが。

学生相撲出身力士はある程度相撲が出来上がっているので、付けだし制度で下積み生活を経験して上がってくる叩き上げの一般力士とは違い、幕下付けだしで相撲をとる。したがって出世も当然早い。関取となり好待遇が与えられる。一般の力士に比べ短期間で角界の中心的地位に上る。

しかし肝腎の慣行や角界のしきたり等、身につけるべき諸作法が出来ていない。この事は大変大事な問題である。力士として身につけなければならない、これらの伝統的習慣を欠いた者が関取として遇されているのは変則極まりない。

この人たちの中には横綱になった者もいる。周知のように横綱として年寄として適性を欠いていたことは事実が物語っている。近年続々と学生出身力士の親方や部屋持ち親方が誕生している。

この状況にも角界の今後の在り方として問題を抱えているといえる。

学生出身の親方が指導者としての適性が有るか否か、改めて現状を眺めてみる必要がある。既に横綱を輩出した親方もいる。その横綱の指導について色々その指導力を疑問視する意見も多い。これなども下積みの苦労をしなかった欠点が露呈したといってよい。現在の角界を展望すると、わが国固有文化の大相撲が抱えている問題点が見えてくる。

二、年寄株取得

平成十六年一月末の新聞記事で大きく報じられた相撲界の一件があった。

「立浪株問題逆転敗訴」という文字が躍っている。いささかショッキングな記事であった。先代立浪親方と現立浪親方との間で係争された名門株継承に絡む訴訟問題である。

東京地裁の判決は当初、先代親方への継承金の支払いが下されて年寄株の値段が初めて認定され、不透明とされてきた年寄株の評価額が判決により明らかとなった。一億七千五百万円という具体的金額が示され、全くの闇の世界にあった年寄株の実態が浮き彫りとなったのであった。

巷の噂だけで具体的基準が全くなかった年寄株問題にひとつの方向性が示されたのである。

ところが先の新聞報道による逆転敗訴という記事にまたまた角界に衝撃が走った。東京地裁での判決が東京高裁で覆ったこの問題は、当然、最高裁まで持ち込まれることは明らかである。年寄株の相場が裁判所判決により明らかになって、角界関係者の中にも一応の安堵感が流れたが、それが新な混迷状況の序奏であった。

そもそも年寄株の問題ぐらい部外者にとっては解りづらい事はない。かりに横綱になったとしても年寄株取得は並大抵な事ではないという現状ぐらいは知っているが、いずれにしても一体どうなっているのだろうかという思いは、好角家ならずとも、いささか気になるところである。

過日、元理事長で当時の二子山親方の年寄株譲渡に絡み、角界史上極めて屈辱的な事件が起こった。こともあろうに国税当局のメスが角界に入るという不祥事が発生したのである。それは常識では考えられない事件であり、角界の恥部を曝け出した元理事長の晩節を汚すものとして今もって角界に暗い影を落としている。

後を継いだ出羽の海理事長は、この年寄株の問題に大英断を下した。ところがそれが大半の年寄の猛反発にあい、とうとう理事長の職を投げ出さざるを得ない羽目となったのである。

全年寄株の協会預かりという理事長改革案に大多数の年寄が反対した。

決して唐突とも思われぬ常識的提案が大半の反目を買ったのは利害以外の何物でもないと、部外者の眼には映る。ようやく入手した年寄株が己れの手元を離れ協会預かりになるのには納得がいかなかったのである。このような改革案を提出しなければならなかった出羽の海理事長は前の二子山理事長の犠牲者といえる。

いずれにしても、この問題を契機に年寄株の実態が部外者にもいくらか解るようになったのである。

そもそも年寄株に関する協会の規定が余りにも有名無実ということが、この問題を更に解決を困難にさせている。年寄株継承に絡む悲喜こもごもの事例は、長年相撲を観てきた私も枚挙にいとまのないくらい知っている。

年寄株取得問題で好角家が最も懸念することは、何と言っても、国技伝統大相撲の継承者たる角界の指導者すなわち年寄の人達の適性の問題である、と思っている。現状は決して適性者ばかりが年寄になっているとは考えられない。その反面、あの人が協会に残っていれば伝統継承者としてふさわしいのだが、と思われる人達も、残念ながら角界に残れず去っていっている。

当然、年寄株取得には、その人の人気、取り巻きの人達の援助能力が大きく影響している。当然の一面である。しかし、それがために力士本来の在り方を逸脱するような人を見かけることも、また事実である。願わくば力士その者が本来の純粋な土俵生活が送れるような、そんな環境を作ってあげるのが相撲協会であり、また好角家達の望みである。

三、相撲文化の再認識

人気凋落、日本人力士弱体化論、およそ大相撲に関してマスコミ及び大衆の批評はほとんどが手厳しいものばかりである。

いうまでもないが、大相撲は、日本の伝統文化を担うもののひとつである。スポーツである以前に伝統文化及び国技であることは、日本人なら誰しもが認識しているのである。ところが、その認識の程度が甚だ薄ら寒い感がある。

手厳しい批判を浴びせ掛けるマスコミに、どの程度、大相撲に対する見識と国技への愛情があるのか、大いに疑問を抱かざるを得ない。批評を旨とするマスコミが手厳しいのは当然のことであろうが、それが的外れでは公害のそしりは免れない。現在のマスコミの相撲批評には、伝統文化たる大相撲を育てようとする姿勢がまったく感じられない。それは現状認識すなわち見識の不足が原因である。

大きく分けて二つの見当違いをしていることを指摘しよう。

その一つは大相撲人気凋落。寄ると触ると騒ぎ立てていることである。一体、国技大相撲は人気によって、その存在価値を示すものなのだろうか。およそ世界のどこに伝統の価値を人気で測ろうとする民族があろうか。大相撲は、その存続上若干の興行的要素は必要とするが、他のスポーツと違って文部科学省管轄の保存文化なのである。当然その保持のための特別な処置が図られている。屋台骨が崩れることはありえない。

人気隆盛にこしたことはないが、外国移入の近代スポーツと混同すべきではない。

その本質が理解出来ぬような人には批評の資格はない。更にそのような人達には無理をして観にきてもらうのも不要である。それらの人達は三流週刊誌の興味本位の相撲記事に関心を示し浅薄なことを語りたがるが、所詮、相撲が隆盛しようが衰退しようが、その人達にとっては全く関係のないことなのである。

理解する人達も大勢いる。心底、国技伝統大相撲を愛する人が観戦してくれたら、それで十分である。

そもそも大相撲の本質をわきまえぬマスコミが多すぎる。競技である前に神事に則った儀式、すなわち伝統に裏打ちされた様式美に大相撲の神髄があるのである。その本質を理解しないまま単なる勝負として扱うことに、大きな誤解がある。

その二つ目の見当違いは、日本人は弱くなった、ハングリー精神が無いと、日本人弱体化を声高に叫ぶ愚かさであろう。何を根拠に日本人が弱体化したというのだろう。外国人力士に遅れをとっているからか。それはおかしい。外国人に勝てなければ日本人は駄目な国民なのか。それでは日本はオリンピックにおいて強豪と言われるほどの実績を残しているのだろうか。そんなことはない、と誰もが承知している。特殊な一部の競技以外は全く外国勢力に歯が立たないのが現状である。

彼ら外国人は元々、我々日本人と比べて民族的に肉体的条件が優れている。彼らが角界に入って日本人が負けてもなんら不思議はないのである。ただ、それはごく最近の出来事にすぎないのであって、大相撲の起源からこの方ずっと日本人が席巻されてきた訳ではない。

大相撲は、我が国の固有の文化として永々として今日に至っている。日本人が誇る文化である、固有の伝統文化そのものなのである。伝統文化の国際化などありえない。国際化などになった時点でその固有性はたちまち失われてしまう。今その固有性が失われようとしているのである。まさに由々しき問題なのである。

さて、更にこれまで述べた事にふれたい。大衆の関心が大相撲から遊離しているという話であるが、あらゆる伝統的なものが戦後このかた現在に至るまで日本人の心から薄らいでいった。大相撲という一つの伝統文化についてもいえることである。全く姿を消さんとしている伝統文化には何らかの保護処置が必要なのは他言をもたぬが、その現状を、単に人気をバロメーターにしていたずらに存亡の危機を煽るのはおかしい。

大相撲は本場所を中心に動いている。付随する巡業その他の花相撲も、大衆に国技大相撲を理解してもらうのに大切なもので、伝統普及保持に欠かせぬものであるが、その運営内容には少なからず課題があると考えている人も少なくない。テレビの影響で全国的関心を集めた戦後の大相撲も、その後の時代の変化により、興行的に見れば浮沈を繰り返した。

現在の大相撲に大きな影響を及ぼしたものに、昭和三十年代後半の学生出身力士大関豊山に端を発した、大量の学生相撲の角界入りがある。あれ以来彼等の角界における人数は上昇の一途をたどり、今や部屋持ちの親方も幾人かおり、年寄の数もかなりのものである。現役関取の人数も大変なもので、現在の角界の主流となっている。一方では、外国人力士の入門も盛んになり、今や三人の横綱まで出現した。実はこれが大きな問題となる。

相撲を単なる勝負とみれば、基本の出来ている学生の既成力士、圧倒的体力を誇る外国人力士の導入が最も手っ取りばやい手法であろう。誠にもって安易な考えといえる。その結果どうなったか。下積みを知らぬ学生力士、異文化育ちの外国人力士、これらの力士達は本来の伝統国技大相撲の担い手としては欠陥者といえる。大相撲の本質を知らぬ者が最高位に就き、その後親方となり指導者になる。これでは伝統は崩れ、いびつになるのは当然である。この現状をどのように打開するか大きな問題であり、早急な対策が必要である。

固有文化大相撲を普及維持させるためには、協会が広く真の見識者、例えば市井の無名の相撲博識者の横綱審議委員へと門戸を開放することも必要である。現行の委員の委嘱には問題が多すぎる。発足当初の委員は、衆目の一致する相撲に対する造詣の深さ、また並々ならぬ愛情があった。その存在感そのものが、圧倒的見識に裏付けられた当代きっての角通と認められている人に委員を任じていた。昨今の委員は果たしてどうであろうか。多くを語る必要はない。まず全員が不適格であろう。あの程度の相撲認識で権威ある横綱審議委員とは恐れ入る。自薦他薦どんな方法でもよい。真の相撲博識者を委嘱して欲しい。なぜ現在のメンバーのような各界の有力者という程度で権威ある委員を委嘱するのであろうか。この世界で最もありがたられる部外者は、金は出すが口は出さぬ人達である。現在の委員は口のみで、それも口害としか言いようがないのが実態であろう。

角界は色々な人達によって支えられている。協会も今一度、真の大相撲界発展に必要な人材を見直すべきだろう。大相撲文化の再構築に取り組むために敢えて苦言を呈した次第である。

四、力士から格闘技転向の実態

元横綱曙がK―1という格闘技に転向して相撲協会を去っていったのは記憶に新しい。相撲関係者やファンは一様に驚いたようである。驚きの最も大きな理由は、彼が元横綱という大相撲界の頂点にいた人間であったということである。

私はこの件について格別の興味もショックも感じなかった。或る意味では当然だとも考えた。転向の背景には必ず関係者との間になんらかの確執がいずれのケースにもつきものであることは、これまで何度も見てきたからだ。

結果論ではあるけれど、横綱に推挙すべき人間ではなかったということである。

それは本人自身の問題もあるが、やはり責任を感じて貰わねばならないのは相撲協会幹部や横綱審議委員会の人達である。横綱というものは安易に誕生させるべきでは決してない。

適性を欠いている者が結構横綱になっている。

今ここで横綱論を展開しようとは思わないが、相撲を愛する者にとって大いに再考を促したいからである。曙で四人の元横綱が格闘技なるものに転向したが、一人目の元東富士にはいささか同情の余地があるように思う。だが、元輪島や元双羽黒などは論外中の論外である。今回の曙はどうだろう。

協会に残っても「自分にはやる事が少ないと思う」と言っている。果たしてそうだろうか。いやしくも元横綱である。きちんと辛抱すれば必ず立派な役割が与えられるはずである。

栄誉ある横綱の称号を無残にも打ち砕いたのである。横綱たる者は絶対に引退後、別の格闘技に転向してはいけない。国技大相撲を担った人である。興味本位の大衆に相撲がどのくらい強いのかなどと浅はかな好奇心を抱かせてはならない。横綱は引退したら二度と土俵に上がれないのである。

それが国技大相撲の美であり伝統を守ることである事を当然理解していなくてはならない。事もあろうに、リングなどという場所に臆面もなく上がるなんて、私には全く理解が出来ない。それだけで彼の横綱推挙には疑問が残る。

私は四人の元横綱がリングに上がった事を話したが、思い出してみれば現在も元関取と呼ばれた人達がリングに結構いるのである。しかし、その誰を見ても、あの現役力士時代に魅せた伝統様式美あふれる美しさはかけらもなく失せてしまっている。これがあの関取と同一人物かと疑いたくなるような、品格というものをどこかへ置き忘れたのではないのかと思わせるような、変わりようである。

元力士である事に大いなる誇りを抱き、ファンの夢を壊すことなく苦しくとも引退後の浮き世の荒波を乗り越えて行ってほしいと願うのは、私一人ではないだろう。

愛すべき相撲情緒

一、相撲との出会い

私の手元に「財団法人大日本相撲協会」が発行した昭和十七年七月一日号『相撲』の色褪せた一冊がある。この本の発行年月日と私の誕生日とは奇しくも同じである。故に私の相撲人生はこの日に始まったのだといえばいささか大げさだが、何はともあれ後年、相撲というものが、のっぴきならぬ関わりになることは間違いのない事実なのであるから、そう一概に唐突な言い方ともいえまい。

そこで私の誕生した頃の相撲界がどのような状況であったのか、改めて振り返ってみるのも無意味なことではないだろうと考え、この古ぼけた雑誌を読み返してみた。昭和十七年といえば戦時色の濃い社会情勢下であり、相撲もそのような国情を強く受け、戦意高揚の一翼を担ったのも時代のなせるわざであったことはいうまでもない。当時の角界は、あの双葉山の連覇の真っ只中にあり、その頃の新聞の表現をもってすれば〈我が皇軍に敵なきがごとく双葉山に敵なしである〉と掲載されている。まさに戦時下の大相撲であった。不世出の大横綱と人口に膾炙するあの双葉山は、私の生まれた頃、あの不滅の大記録六十九連勝へ向け連勝街道を突っ走っていたのである。

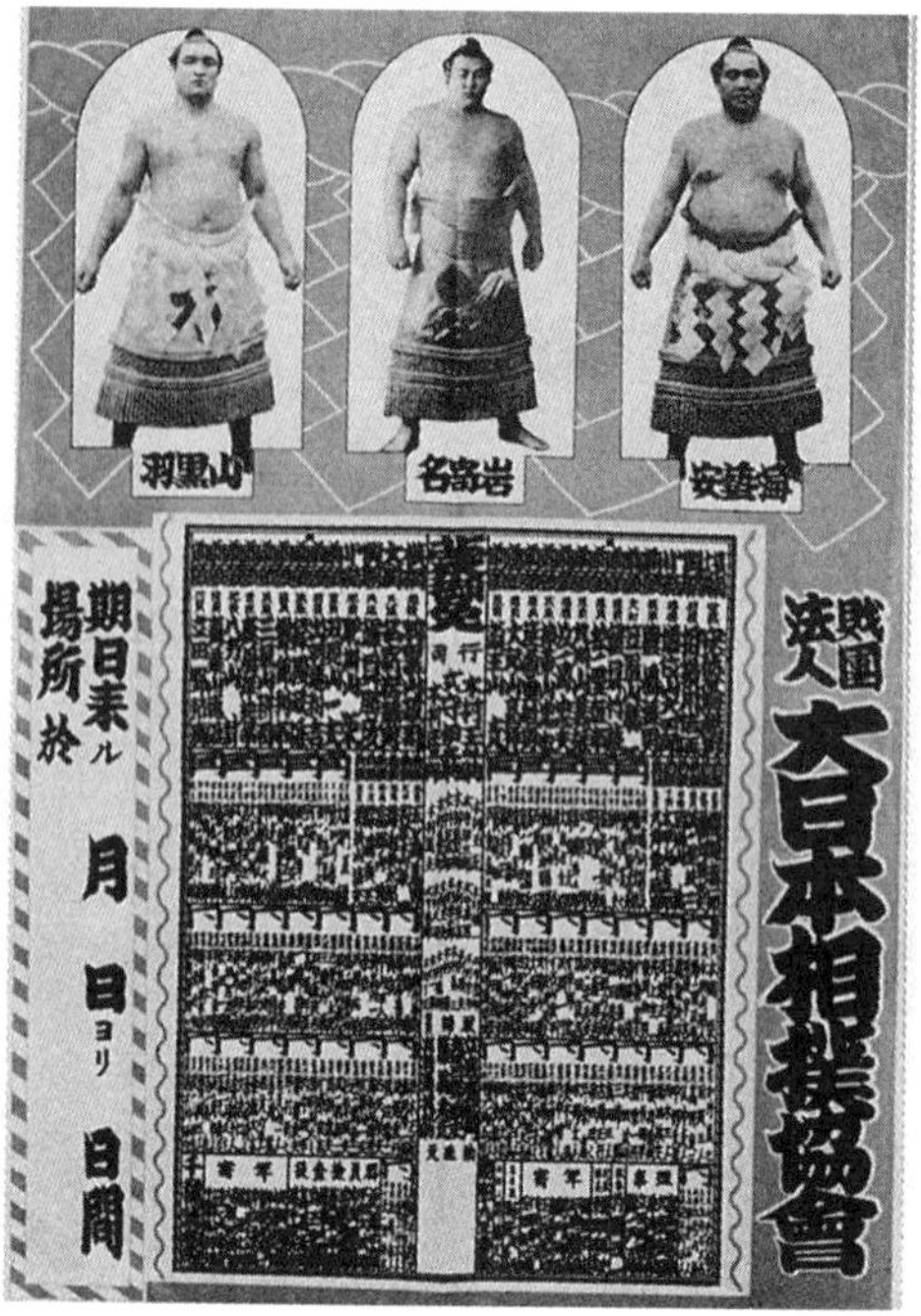

戦中の地方巡業ポスター　昭和19年春

相撲気違いを自負する私は、空前絶後の大力士双葉山全盛のころに、この世に生れ出たことをひそやかな誇りに思っている。他愛のないことかも知れないが、こんなところが好事家と称する者のおかしなところかもしれない。

話は変わるが、昭和二十七年十一月、私の郷里でもある沖縄に大相撲の巡業がやってきた。

当時の沖縄は奄美諸島を含めて米国の統治下にあった。大相撲の巡業は当地では初めてのことであった。もっとも大分昔のことであるが、大正十四年にその頃の大阪相撲が来たことはあるようだ。

私は父に連れられて、市内でいろいろな興行がある度によく使われていた大きな空き地に行った。その場所は広いテントで大きく囲ってあった。そこで大相撲の巡業が行われていた。碧空にはためく色とりどりの力士幟や辺りに響きわたる櫓太鼓の音、中へ入ると屈強な男達が十数人、土俵上で激しくぶつかりあっている。隆々たる筋肉に覆われた裸体の男達は、腰にテントか布のようないかにも固そうな黒色や紺色の物を巻き付けて、前のあたりが少し垂れ下っている。初めて見る私は、あの前の布をめくると肝心の物が覗けるかも知れないと、不思議な物を見る思いで眺めていた。

やがて一回り大きな男が土俵に上がった。その男は白い布を腰に巻き付けて前垂れが、だいぶ長い。先程迄互いにぶつかりあっていた男達が、この大きな男に代わる代わる掛かっていくが、この男はまるで岩のようにビクともしない。そのうちに、その集団の中の一人が名指されて何度も向かっていく。ふらふらになったそのものはなかなか解放してもらえない。とうとう土俵にへたり込んでしまった。すると足で蹴られて再び立ち上がったが、また投げ飛ばされて、同じことを数回繰り返した後やっと解放された。この凄まじい光景に私は度肝を抜かれた。

いつの間にか現われたのか、この大きな男以上に立派な体の男達が数人土俵上に上がった。なかでも格段抜きんでた巨漢がいる。その男が、先刻集団に稽古を付けていた白い布を巻いていた男を相手に相撲を取った。何と、塵か芥でも無造作に捨てるように、その巨漢力士は、集団相手に強さを見せていた、あの白い布を巻いていた男を右に左に投げ飛ばすのである。私の驚きは頂点に達した。

少しばかり時間があき、やがて先程の立派な体格の男達が、眼も醒めるような綺麗な大きな風呂敷のような物を腰の前に下げて土俵をグルリと一回りした。それは何か不思議なものを見るようであった。巨体の一群がまるで象の群れのように思われた。続いてあの抜きんでた巨漢の男が前後にこれまた立派な体格の男を従えて土俵に上がってきた。後に従えている男は太刀を捧げ持っている。観衆が一斉に「よいしょー」と掛け声をかけた瞬間、その巨漢は右手を伸ばして左手を脇に当て、ゆらりゆらりと小山が動きだすような感じでゆったりと立ち上がった。またひときわ拍手が湧いた。父に聞いたら横綱東富士だという。この大男の集団は高砂一門の巡業であったことを後になって知った。

青空にはためく色とりどりの力士幟、辺りに響きわたる櫓太鼓の音、独特の行司の掛け声や呼び出しの発声、俵と土の入り交じった相撲場の匂い、力士の隆々とした体格と肌の艶、髷も不思議なものを見る思いがした。そして最後に聞いた相撲甚句のどこか寂しげで名残おしそうな力士の声、それらの余韻はたちまちにして私を相撲の虜にしたのである。相撲甚句の調子は子守歌以上に私の心象に深く根付いて今日に至っている。あれから半世紀が経過した。あの時のお相撲さん達の中で今も健在な人は何人いるのだろうか。今でも懐かしく想いだす力士の一団であった。

二、相撲有情

肌を刺すような北風に吹かれながら、私はいま大川端（隅田川）に一人佇んでいる。腰掛けている石作りのベンチのひんやりした冷たさが身体に伝わってくる。両国橋の東詰めに近く、すぐ下流に新大橋がある。江戸の昔盛んだった大山阿夫利《おおやまあふり》神社詣での人達は、大川の水を浴び身を清め、遥かな六根清浄の大山を目指したのである。つまり、いま私が立っている辺りが、その頃の垢離《こり》場の跡なのである。垢離とは冷水を浴び、身体の汚れをそそぐという意味である。江戸の頃の大川は綺麗に澄んだ流れであった。川底に小砂利を敷き詰めたその場所で、全裸の善男善女が一心に垢離の行をしたのである。そんな光景を思い浮かべながら大川の水面に見入っていた。その悠久の流れと現実の情景はというと、最近ようやく改修工事が完了したのであるが、川沿いにテラスを設け親水公園式にした、いかにも近代的な隅田川に様変わりしているのである。そのテラスが延々と両岸とも上流へ下流へと続いている。沿岸にぎっしりとビルの林立する何とも風情に欠ける大川の流れに少しでも親しんでもらおうと、国がこのような工事をしたのである。お陰で川の流れに身近に接することができるようになった。ただ、いささか艶消しなのは、絶好の場所とばかりホームレスが例の構造物をズラリと並べていることである。これではせっかくの景観が台無しである。それらを無視して私はひたすら、新春とはいえ肌を刺す冷たい川面を飽きずに眺めながら、往時に懐いを馳せていた。この少し上流に、つまり総武線の鉄橋を越した辺りが、かの有名な百本杭《ひゃっぽんぐい》のあった場所である。これはかつての暴れ川の激流を押さえるために無数の杭を打ち込んだものであった。私の学生時代にはまだ二本ほどその名残りがあったのを覚えている。

相撲甚句の文句にも「百本杭には都鳥」云々と歌ったのがあるが、ここはまた鯉釣りの名所でもあった。ここで獲れるのは紫鯉《むらさきごい》と呼ばれ、当時食通の間では珍重されたようである。百本杭という名前は江戸情緒と結びついて余りに著名であるが、ここを舞台にした歌舞伎をはじめ様々な芝居の名場面に登場する場所として、日本人にはお馴染みの名所である。昔の隅田川に架かる両国橋は九十六間と言われた。メートル法の今日、即換算が出来る人は今ではすっかり珍しくなっただろう。尺貫法時代の相撲が今は懐かしい。

江戸情緒とは、現代と往時を瞬時に比較出来なくては本当の味は解らないと私は考えている。そんな懐いで寒風の吹き流れていく川面を眺めていたら、目前の両国橋に立ち、川に向かって発声の訓練をした、かつての呼び出しのことがふっと思い出された。冬の大川の川風は相当に厳しいものがある。昨今の呼び出し達はどんな方法で練習をしてるのだろう。昔懐かしい太郎や小鉄《こてつ》などの名人呼び出しには風格があった。それに比べると昨今の呼び出しがかなり劣るのは否めない。昔なら幕下クラスがせいぜいのキャリア人が既に三段格の呼び出しをやっているのを見ると、いささか淋しい気がする。寛吉《かんきち》あたりを最後に相撲の雰囲気にぴったりと調和した呼び出しがいなくなった。呼び出しの育成訓練も伝統相撲の中にあって重要なことである。

もうすぐ初場所が始まる。この辺りは相撲のメッカ国技館も近い。川面を渡って聞こえる櫓太鼓の音は、遠く近く隅田の流れに乗って、かつては江戸市中へ今また東京の町中へ、昔変わらぬ哀感をおびたバチ音をひびかせている。先程の「百本杭には都鳥」と歌われた相撲甚句の都鳥とは、いま眼前の大川の上を乱舞しているユリカモメなのである。いかにも風流な名前である。こんな情景に見惚れていたら、いつしか江戸の町中にいるような錯覚に陥ってしまった。

三、相撲に魅せられて

隅田の川面を吹き抜ける冬の風の、肌に突き刺さる冷たさには独特の厳しさがある。

この寒風が界隈に醸し出す格別な風情がある。両国の町がそれである。相撲と共に生きてきた江戸の匂いを色濃く残す町、ここの春は蒼天に響きわたる櫓太鼓のバチの音で始まるのである。そんな両国の駅に降り立ったのは、場所の七日目のことであった。辺りにはまだ正月の空気が残り、道行く晴れ着姿にもどこか浮き立つようなものが漂っている。それは今日が成人式ということもあるが、何よりも一年の最初の大相撲が幕を開けたということに尽きるようだ。

町には木枯らしが吹いていていても、人々の表情には何か新しい年への期待にも似た心浮き立つものが、はっきりと感じられる。

このような風情を何度も見馴れてきた両国の町も、二年ぶりのご無沙汰である。勤務の都合で「越後」へ出向いていた関係で、私の生活サイクルが若干狂いを生じていたのである。相撲と離れた生活など考えられない。私は五十七歳、まもなく還暦も近い。相撲との関わりは五十年になる。当然、誕生このかたから両国界隈で生活してきた訳ではない。それどころか全く遠く離れた台北の町で生まれ、敗戦で東京にいったん引き揚げ、その後、父の故郷である沖縄へ戻ったのである。

以来、大相撲観戦には全く恵まれ無かった環境にあって、辛うじてラジオの短波放送で志村正《しむらせい》順《じゅん》アナの大相撲実況を、電波状況の悪い中ラジオに耳を押しつけて聞いていたり、書店で相撲雑誌を買い漁ったり、映画館で一場所遅れで上映される大相撲ダイジェストを食い入るように観たりしながら、どうにか大相撲との命脈を保ち続けてきた。

その頃、戦後初の沖縄巡業があった。生の大相撲を観た私の感動は大変なものであった。あの情景は永く心に焼き付いている。

そんな私は大学進学のため、上京することが決まった。早や気持ちは相撲で一杯である。東京での生活は身近に大相撲がある。そう考えるだけで大変な興奮を覚えた。

もしかしたら相撲部屋に入門だって可能である。柔道も相撲も経験していたし、それなりの自信も少なからずあった。そんなことも思ったりした。

けれども、そんな甘い考えを許さない現実が待っていた。私が上京するのは進学のためであり、予備校において必死の受験勉強を余儀なくされたのである。

ただ、身近に相撲がある生活は私を真剣に勉強にとりくませなかった。本場所は初日から千秋楽まで全て観ていたし、稽古場通いも頻繁であった。

大学も八年掛かりでようやく卒業。すべて相撲に入れこんだせいである。

その人生も「相撲即ち人生」、相撲なくして我が日常はありえないという始末。

けれども私には後悔など微塵もない。相撲に教わったことの何と多かったことか。人生即相撲。

惚れ込んだ幸せに酔いながら、今日も国技館の木戸を潜り抜ける相撲狂である。

四、年の瀬と相撲

相撲協会の世話人をしている馴染みの男が家を購入したというので、年の瀬の深川の相撲部屋を祝儀を届けようと訪ねた。この部屋は戦後最強といわれた大横綱の興したものでその世話人が所属している。下町と相撲、そして年の瀬の相撲部屋といえば、一種の季節の風物詩とも、また独特の雰囲気を醸し出す江戸情緒の香りともいえるだろう。一年の内で私のたまらなく好きな一時でもある。私は長年これらの相撲情緒と共に自分の人生を送ってきた。

訊ねた部屋は朝稽古を早めに切り上げ大掃除の最中であった。明日は餅つき、続いて贔屓《ひいき》を招いての忘年会など、この世界の年の瀬は何かと慌ただしい。綺麗に飾られた堂々たる門松や注連縄、目に眩しい真っ白な御幣、これらの相撲部屋独特の飾り付けが早くも正月の雰囲気を界隈に漂わせている。この部屋の向かいにもう一つ相撲部屋がある。そこもまた、私の訪ねた部屋の親方と戦後の角界で双璧と言われた強豪力士の興した部屋である。そこも覗いてみた。正面玄関には墨痕鮮やかに謹賀新年、そして親方の名前と共に来年の干支が書かれている。この人は能筆家としても知られ、力士としては異質な才を持つことで有名である。

往来の人っ気はほとんど無い。素足の取的《とりてき》が浴衣一枚で兄弟子の用事かなにかで時折近所へ向から姿があるだけである。私はふっと、相撲を詠んだ都々逸にこんなのがあるのを思い出していた。〈雁が鳴くのに白地の浴衣あれはお江戸の相撲取り〉それはいかにも侘しげであり、同時に修業する者の厳しさ尊さを改めて垣間見る光景でもある。

年の瀬はこんな情景の中に常にある。今年もそうだ。私は下町を訪ね相撲の香りを味わおうとしている。祝儀を渡して帰ろうとしている私に世話人は「チャンコでもあがっていって下さい」と誘ったが、忙しいことは解っていたので遠慮した。「初場所が始まったらまた会おう」と言い残し、私は下町の蕎麦屋に足を向けた。

この時期、江戸の雰囲気を味わうには、もう一つ蕎麦屋酒があるのだ。私はそれがやりたくなったのである。行きつけの「京金《きょうきん》」へ入った。一番乗りの客であった。いつものとおり焼きのりと蕎麦の実の味噌焼きを注文、熱燗で一杯始めた。同時に懐から原稿用紙と万年筆を取り出して、思いつくまま、つまらないことをつらつらと書き始めた。この文章がそれである。今日は珍しく「オノト」の万年筆を持参、原稿用紙もいつもの携帯用の安物ではない。こうなると不思議なものでペンがなかなか進まない。つまり構えてしまうのである。結局大した文章が出来上がるはずもないのだろうが。

いずれにせよ、私は、年の瀬の下町を例年通り楽しみにやって来ている。しかし今年はどこか様子が変である。なぜだか知らないが、伝統の相撲に格別変化があったとも思えない。大入りが途切れたとか、一頃の人気が衰えたとか、そんな世間並みの話題なんか私の相撲人生には微塵も関係がない。かえって結構なことだとむしろ喜んでいるくらいである。それにしても、すこしどこかおかしい。私の相撲人生を狂わす何かが起こったのだろうか。私は飲みながらあれこれ考えてみた。

ここは下町老舗の蕎麦屋、あたりには相撲部屋が点在、江戸情緒の色濃く残る界隈、私の最も好む場所である。そこへ今年もこのようにしているではないか。いや、どこか今年は違う。どこがどう違うのか私には解らない。そんな事があるものか、と問い直す。でも私にはよく解らない。では少しくらいは解っているのだな。少しくらいは。

力士は心中密かに引退を考えた時から、除々に相撲への意欲を知らぬ間に欠いていくという。実は年が明けて三月末に、私は長年勤務した会社にピリオドを打つのだ。つまり定年退職になる訳である。そういえばお相撲さんの親方の定年は私より五年も長いのだ。近付く人生の区切りのことを考えながら杯が重なっていく。酔狂の年の瀬の下町は何事もなく閑かである。

五、秋と相撲

秋の匂いは相撲の匂いに似ている。私が秋という季節にこのような感覚を抱くようになって久しい。季節の中で秋ぐらい匂いというものを敏感に感じさせてくれる時はないだろう。それは大気が一変するからかも知れない。猛暑から涼風に変わる頃、自然界は色々な匂いを運んで来る。

それは夏という暑さが熟成したものかも知れない。自然界の条件は複雑多岐なものである。一言で表現出来るものではないのかも知れない。その自然が、秋になると実に豊かな香りを呈してくれる。

力士の肌の艶もまた、秋場所の場合格別綺麗である。益荒男の典型のような逞しさであろう。それは夏から秋への大気を力士の体が大きく吸い取ったためである。秋場所が初日を迎えたので、いつものことながら気持ちが落ち着かない二週間がまた始まる。場所中は仕事も他の事も全く手に付かないのが恒例である。

年間六場所のなかでも、この秋場所は力士という裸稼業の者達にとって最もその肉体を格別誇れる時でもあるが、今場所初日に観る各力士の体は前の場所に比べてそれ程変わったとは思えないのが不思議であった。しかし、それは当然のことである。考えてみると最近の彼等は夏から秋にかけて自然の大気をその体に吸収していないのである。つまり巡業というかつて青空の下で行っていた稽古が、今日では室内の施設で興行するようになってしまったからである。時代は伝統の大相撲まで大きな変化を与えているようだ。

相撲の巡業は青空興行にこそ角界独特の味わいがある。古くからの好角家に言わせれば当然のことと考える。確かに室内での興行は、単なる相撲興行という点からみれば一応合理的ではある。雨天でも影響は無いし、観客も冷房が効いて楽かも知れない。しかし露天での興行は、関係者にとっては大変面倒なことかも知れないが、地方で本場所が観られない人達にとって巡業が唯一、生のお相撲さんと接することが出来る機会なのである。青空の下での巡業は山稽古《やまげいこ》も見られるし、チャンコ風景も目のあたりで見られる。力士との接点も色々出来る。そのような事が相撲と一般ファンを結びつける大切なことではなかろうか。

その巡業が今のような形態をとってしまったら、これまでのような巡業の面白さがなくなってしまい、国技大相撲の普及発展の面からも問題である。時代の流れとはいえ、本場所に次いで巡業は大事なものである。関係者も今一度、工夫努力をして以前のような形にして欲しいと願うのは私だけではあるまい。室内と青空の下での巡業では相撲の趣がまるで違うように思える。秋場所の土俵に上がる逞しく陽にやけた力士の体が懐かしい。

（平成十年秋場所）

六、昼下がりの国技館

今日で秋場所も三日目、今場所はいつもの場所より特別に力が入る。というのは、下積みの頃から目を掛けていた佐渡ケ嶽部屋の琴椿（現年寄「山分《やまわき》」）が再十両として再び関取の座に付いたからである。その間の苦労は並大抵ではなかった。怪我に泣き一度は廃業まで決意した男の必死の巻返しであった。それは実に四年振りの返り咲きである。

私は彼と同郷である。そんな縁もあって毎場所彼の土俵には注目をしていたし、新十両昇進を果たした時は我が事のように大喜びしたものである。前回の新十両昇進は、九州場所でだった。また残念ながら一場所で関取の座を明け渡してしまい、晴れの関取姿を直接見ていなかったのである。もしかしたら再び大銀杏、化粧回し姿をみることはできないのではと心中思ったこともある。そんな中での再十両だったので、私は心底嬉しかった。

そこで、颯爽とした関取姿が見たくなり国技館へと足を運んだ。時間が早かったので、取り組みは序二段あたりである。館内は、平日ということもありガランとしている。私は国技館名物の焼き鳥とビールを買い込んで正面の二階席最前列に陣取り、のんびり焼き鳥を食べながらビールを空けていた。昼間のアルコールは思いのほか効いて心地よい眠気を誘い、ついうとうととした。

ほろよいの眠気の彼方から行司の掛け声が館内に響いてふっと我にかえると、拍子木の音や呼び出しの声が入り交じり、そんな空気がまた何ともいえぬ心持ちの、まるで別世界にいるような一時である。

ここは江戸、両国の国技館。こんな別天地が他にあろうか。私は東京場所の時はこのような時間を必ずつくる。これは普通の人には判らない何ともいえぬ心地よさであり、相撲場の匂いに抱かれてトロトロとした時を過ごす。これは私にとってまさに至福の一時である。やがて時間がきて十両の取り組みが近付いたので一階へ降り、この日琴椿《ことつばき》が登場する西の花道のすぐ側までいった。初めて見る化粧回し姿の彼は、以前より一回り大きく堂々として見えた。取り組みの方も鮮やかに相手をねじ伏せ、これで初日から三連勝と絶好調である。次の力士に力水を付けて花道を下がってきた彼に「おめでとう」と声を掛けると「オーシッ」と力強く返事を返した。波打つ胸が一層逞しさを感じさせた。

思えば半年前にもう廃めようかと迷った彼であったが、その自信に満ちた背中を見ていると、人間の気持ちは好結果さえ出ればこうも大きく変わるものかと、改めて自信というものがいかに大切なものであるのかを知る思いであった。彼の勝利を見届けたので国技館を途中で出た私は、帰りの両国から乗った電車の中で、今日彼に負けた花ノ藤《はなのふじ》が私の正面の席に座っているのを見て、結果を知っているだけに彼の浮かぬ顔が気の毒に見えた。

人はいろいろな方法で相撲を楽しむのであろうが、一番多い関心事が土俵上の勝負の結果であろう。私も相撲は勝負の行方が最大関心事だとは思うが、長い間相撲に熱中しているといつしか土俵というものをある種の漠然とした感情をもって親しむような気がしている。昼下がりの国技館で相撲を観るともなしに観ながら陶酔の一時を無上の至福と思う私など、少々変った相撲愛好者なのだろう。

（平成元年秋場所）

七、相撲の情趣

相撲の情趣を語れと言われてもとても一口で言い表すのは難しいが、全ては語れなくても、その好きな一面ぐらいは少々話せるだろう。相撲の情趣の根底に流れるものは、独特の哀愁の漂う空気かも知れない。それほど哀愁と相撲は切っても切れないものがある。なぜなのだろう。相撲ほど日本人の深層心理に根強く住み着いている伝統文化は他には少ないだろう。神代古代の昔から我が民族は、純粋に自然を畏れ敬い、そしてその恩恵に感謝する素朴な民族であった。常に自然界を支配すると考えられている神々への感謝のあらわれとして、特に相撲というものは神を慰め喜ばすという気持ちの発露から形を時代と共に少しずつ変えながら、今日に至るまで連綿とその伝統は受け継がれているのである。そのような神事相撲が今にその様式美を伝える国技大相撲なのである。

奉納相撲の本義、それはまさに土そのもの、森羅万象への感謝に他ならない。故に相撲は土の匂いがすると言われているのである。この匂いを相撲から嗅ぎとらないようでは未だ好角家とはとてもいえない。表面上の勝負だけが相撲の本質ではないのだ。さらにいえば、相撲は田舎の匂いが充満しているものだ。

相撲取りは田舎から花のお江戸へ上がってくる（全てではないが）。そして角界の門を叩き、土俵の上で出世することを夢見る。それらは土の匂い、藁の匂いという日本古来からの風土として色濃く体に染み込んだものが、相撲世界の中で形を変えつつ残っているものなのである。相撲の修業は厳しい。貧しい頃のことを想いだしてはその苦しさに耐える。やがて夢見る関取の晴れ姿に己れを写しだして、また苦しさに立ち向かう。しかし、夢破れて廃業、孤影悄然としてふるさとへ戻る者もいる。誰が詠んだか忘れたが〈ふるさとへ　ふんどしひとつ　みやげなり〉という川柳もあるように、相撲の世界には侘しさが常につきまとう。

わが国の春夏秋冬の風土が、たくまずして独特の相撲社会というものを形成していった。この社会で繰り広げられる悲喜こもごもの感情が、いつのまにかあの哀調を伴い日本人の気持ちの底に溶け込んで、今に伝わるいわゆる相撲甚句という独特の調子となって、相撲情緒を醸し出している。だからこの相撲甚句を聞くと、相撲愛好家にはたまらない郷愁を相撲に感じるのである。

さて、その相撲甚句なるもの、もう少しその魅力を詳しく語らねばならないだろう。私が初めて聞いたのは半世紀以上も前のこと、生の相撲を初めて観た巡業の時であった。小学校三年という年齢であったが、当然甚句の意味など解るはずもない。ただ文句の断片ははっきりと覚えていた。特にはっきりと記憶していたのは〈タンスナガモチハサミバコ、ニドトモドルナデテクルナ、トウサンカアサン、ソリヤムリヨ〉断片的ではあるが文句は鮮明に残っていた。これは相撲甚句では代表的な「一人娘」というものである。

不思議なことであるが、断片的文句のその記憶もさることながら、私はあの相撲甚句の節回し、歌う力士の底力を感じる声が強烈な余韻として心の底に残ったということである。これは理屈ではない。やはり日本人の深層にある何かだろうと思う。

以来今日まで相撲甚句を口ずさむことがなかった日は多分ないと思っている。ところが、全く、いま以て上手に歌えない。歌詞は相当数覚えているのだが、歌ってみるとさっぱりである。時折知り合いの相撲取りと飲んだ時などに歌って欲しいといってやって貰うのだが、聞いていて、いつしか土俵の匂いがしてくるのを覚えるのである。初土俵を尋ねて未だ三年そこらと知った時、やはり髷を結った力士が歌ってこそ相撲生活の雰囲気が伝わってくるのだと、つくづく思ったものである。どんなに歌のうまい人が歌っても相撲の世界に身をおく力士のような味が出ないのが、この相撲甚句というものである。

今から何年前になるか、あるラジオ局に依頼され相撲甚句の解説をやらされ、挙げ句のはて一曲歌って欲しいと言われて顔から火が出る思いであったが「やけのやんぱち」と腹を決め「花づくし」か何かを歌ったこともあった。何はともあれ、相撲風情にこの甚句は欠くことの出来ないものだが、相撲を底辺から支え、相撲の様式美を形成しているものは他にも色々ある。

この世界は今の時代には珍しいものとなりつつある典型的な縦割り社会である。地位の低い者は地位の高い者に絶対的に服従する古い日本がまだ息づいている社会の一つである。彼らは大変礼儀正しく気配りも訓練されている。一度相撲取りとあってみるとそれがよく解る。相撲も百聞は一見にしかずである。実際の相撲をまず一度観戦してみてはどうか。相撲の情趣が改めて解ってもらえる。

八、秋色の下町

久しぶりに本場所でも観戦しようかと考え、八王子の家を出た。両国駅に降り立った時の時刻をちらっと見て、一瞬しまったと思ったが、その予感は的中した。秋場所七日目の当日券は既に売り切れていた。ここのところ長らく続いていた満員御礼が途切れて、今場所も二日目以降、連続して大入り満員の垂れ幕が下りなかったので、すっかり高をくっていたのがまずかった。国技館へ着いたのが既に十一時を回っていたのだ。

馴染みの世話人が南木戸の力士通用門にいるので、顔を覗かせれば入場は出来るのであったが、あまり世話をやかせるのも気の毒だと思い直し、駅前に戻りタクシーに乗った。

急に浅草に行きたくなったのである。目的は「神谷バー」である。この四月から勤務の関係で越後へ単身赴任をしている。そんな訳で「江戸」を、もうかれこれ半年ちかく離れていたので、何となく下町の匂いが恋しくなってきたという訳である。当然本場所観戦が最優先であったことはいうまでもないが、江戸情緒への郷愁が妙に私を駆り立てたのである。

しばらくご無沙汰の浅草の町はすっかり秋めいて、牛島神社の秋の大祭、各町会の秋祭り、曇天の下、涼しさを増した水面をたたえてゆっくりと流れる隅田川、待乳山聖天様のこんもりとした森の佇まいにも心なしか盛夏のそれとは違う大気の変化がうかがえる。

開店直後の神谷バーはけっこう客の入りがあった。定番の電気ブランと、これまた好みの浅蜊《あさり》バター、名物の奴豆腐を肴に、片隅の席に陣取りチビリチビリ下町の秋を味わいながら杯を重ねた。

ここは学生の頃から来ているので、もうかれこれ三十余年以上通い続けていることになる。広い店内には昔から見覚えのある顔がそこかしこに懐かしい表情をのぞかしている。確かあの人だったなと思われる人物も既に白頭翁かと思うと、以前とあまり変らない御仁もいたりする。

電気ブランの杯はもう八杯目になっている。酔眼朦朧とした意識の中で、かってこの店で痛飲したであろう人たちのことを思い描いてみたり、過ぎ去りし時のことを考えていた。坂口安吾も、この下町を愛した一人であった。相撲随筆では白眉と言われた尾崎士郎も安吾とここで飲んだ。私は現在安吾の故郷越後に勤務している。この連休が終わると、またそこへ戻らねばならない。相撲とも当分の間お別れでいちまつの淋しさは隠せない。

九、相撲余談

相撲論評ばかりでいささか味気ないかとも思い、大相撲にまつわる土俵外のあれこれを、つらつら思い起こしてみた。古来わが民族にとって身近な存在として愛されてきた相撲は、国技という重要伝統文化という動かざる一面をもつ一方で、一般娯楽と密接に結びついて、多方面に関わりを持ちつつ今日に至っている。

例えば映画の中にも小説の登場人物としても芝居の材料としても、俳句や川柳その他こぼれ話など、その話題性に事欠くことはない。そうみていくと改めてその大衆性の根強さに、流石国技大相撲だと感心してしまう。ここに筆者の記憶する事、また何かの物の本で読んで改めて再録してみたいと思うものの中から無作為に列記してみた。

芝居で相撲ときたら、誰もがいの一番に想起するのが長谷川伸原作、ご存知一本刀土俵入りであろう。股旅物ではあるが、主人公は相撲取りである。相撲への夢虚しく破れた取的《とりてき》が、帰路の旅の途中で温情を施された宿場女への恩返しの物語。彼女達親子をやくざの災難から救ってやる。彼自身もやくざ渡世に身をやつす流浪の状況なれど、名セリフ「これが駒形茂兵衛の姉さんに見て頂くしがねえ姿の一本刀土俵入りでござんす」。大向こうからどっと拍手の湧く場面である。

筆者は三年ほど前、風の盆で有名な越中八尾《えっちゅうやつお》を訪ねた。本番の雑踏が嫌であえて時期はずれに行ってみた。坂の町である。静まり返った町並みのはずれに公民館があり、中で何人かの人達が越中おわら節の踊りの稽古をしていた。身近に観られた踊りに喜んで戸外に出ると、傍らに大きな黒大理石の碑が建っている。それは長谷川伸の顕彰碑であった。内容は、彼がこよなく八尾を愛していた事（彼は神奈川出身である）、そして一本刀土俵入りの主人公が救ってあげた姉さん親子は、その後ここ八尾に落ち着き幸せにその後を送った、と書いてある。私はあの物語の後日談の地が八尾だということを、その時初めて知った。すると、あの主人公の元相撲取りのその後は

め組の喧嘩　芳年画　明治19年

どうなったのか少々気になった。またどこかの旅先で偶然知る機会があるかも知れない。芝居と相撲の縁は大変に深いものがある。

これも相撲の芝居として代表的なものに、『め組の喧嘩』がある。幕末の江戸は芝神明の境内、相撲の四つ車と鳶人足の辰五郎とのいさかいに端を発した、鳶人足の集団と四つ車と九龍山等との乱闘が大江戸の話題となった。錦絵で見るように、四つ車の振り回す三間梯子《さんげんはしご》の姿が実に強そうである。奉行所も無視する訳にはいかなかったとみえて裁定を下した。鳶の辰五郎は江戸追放、相撲の方は無罪放免となり決着したようだ。四つ車は平幕力士だが、この一件のお陰で相撲史にその名を残したのである。物好きと言われればそれまでだが、四つ車の墓を探しだして尋ねた。江東区は東砂町因速寺にそれはあった。もう一人の九龍山の墓は判らなかった。取的だったからかも知れない。

芝居でも特に歌舞伎役者と力士との交流は、江戸の昔から今日に至るまで、その贔屓振りは有名である。どちらかというと役者の方が相撲に肩入れしている事が多いようである。力士と歌舞伎役者との交流でほほえましい話がある。江戸の四代目中村歌右衛門は六代目横綱阿武ノ松《おうのまつ》と親しかった。二人が外出する時に決まって歌右衛門は雪駄をはいた。阿武ノ松が力士であるのに背が低かったので、見劣りがしては悪いと、役者の中でも背の高い彼が細かい心配りをしたというのである。私が近年知ったちょっと変わった話がある。新派の舞台はあまり相撲を取り扱わないようであるが、大正年間に松居松翁《まついしゅうおう》が第二十六代横綱大錦をモデルに書いた三組杯を演じた。この時東儀鉄笛《とうぎてってき》が力士役をやって好評であったとのことである。あの早稲田大学校歌「都の西北」の作曲者である。あまり、ぱっとした話ではないが、坂本竜馬が伏見の寺田屋で暗殺された時、二階で夜仕事をしていた下僕で無残にも暗殺犯に切り殺された人物も元相撲取りである。

俳句や川柳も相撲を多く取り上げている。私が少々驚いたのは、あの芭蕉に相撲の句があることである。

むかしきけ　秩父殿さえ　すまふとり

この句碑は秩父市内にある。秩父殿とは畠山重忠のことである。相撲の句を吟じた著名な俳人には宗因〈勝相撲淀鳥羽迄もみえたりや〉、一茶〈勝相撲虫も踏まずにもどりけり〉、蕪村〈負けまじき角力を寝物語りかな〉、虚子〈貧にして孝なる相撲負けにけり〉、嵐雪〈角力とり並ぶや秋の唐錦〉、許六〈下帯は見事なれ共京相撲〉、子規〈相撲取小さき妻をもちてけり〉、など多い。一方川柳に目を転じるとなんと言っても江戸の川柳、

一年を　二十日でくらす　良い男

これに尽きるだろう。のんびりとしたよき時代の話である。

相撲取り　やめて体が　邪魔になり

これなどどこか物悲しさが漂う。

相撲の要素には多分に歌舞伎と共通したものがある。水も滴る大銀杏、華麗な横綱土俵入りといい土俵を中心に色調の道具立てが揃っていて、古き江戸の匂いを今に引きづっている。相撲の美しさを楽しむということは、歌舞伎にも同じ事がいえるだろうし、この伝統様式美は永遠に崩してはならないものである。

十、横綱羽黒山

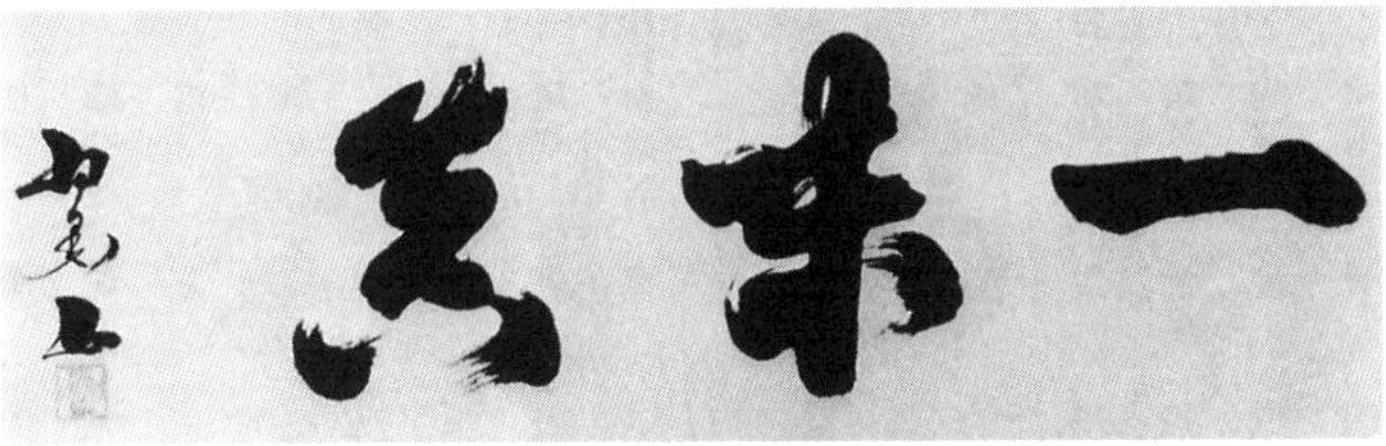

羽黒山の自筆書　昭和23年頃

蒲原平野の真っ只中に、ぽつんと取り残されたように、その村はあった。田植えの終わった田圃。いよいよ実りの秋に向けて思い切り伸びようとしている若穂の瑞々しさと、キラキラ光る水面とのコントラストが鮮やかなどこか心浮き立つ初夏の候。この村を訪れたのはそんな季節であった。初蝉の静かに聞こえる、その村はしぃーんとした閑寂の中に眠っているようであった。

私は村外れに在った神社を覗いてみたのである。その境内に、確か私の探し求める或る碑が建っているはずである。境内をひととおり眺め回すと、思っていたとおり、その碑は存在していた。それは想像していたほどの大きさでこそなかったが、しかし流石に堂々とした風格のものであった。碑面には『横綱羽黒山政司生誕の地』と刻まれている。かの第三十六代横綱で強腕無双といわれた力士である。

東京の銭湯で三助として働いているところを、その偉丈夫を見込まれて角界入りした話は有名である。私は以前から、この強豪力士の生い立ちに関心を抱いていたから、この度越後へ赴任したのを機会に、この力士の事を訪ねることを楽しみにしていたのである。不世出の大横綱と人口に膾炙するあの双葉山の陰にその存在はやや影が薄い印象は否めないが、その実力は双葉を凌ぐといわれた怪力士である。そんな彼が何故東京の風呂屋で働いていたのか長い間不思議であった。もっとも東京の風呂屋を経営しているのは越後出身の人が非常に多いということは、以前から話に聞いてはいたが、なにも働いている場所の問題を言っているのではない。私には、その強さもさることながら、米や土の匂いをそのまま残しているような感じの純朴一途な人柄とそのエピソードが、なぜかこの好漢には関係があるような気がしてならなかったのである。貧しい生い立ちは格別世間ではめずらしいことではない。そのような環境から育った人間味を相撲生活の中に醸し出していたのが、この力士なのである。

静かに佇む境内から、前方の見渡すかぎりの一面の稲田、静まり返った集落の欅の森や遠くの越後の山並みを眺めているうちに、私はなぜこの境内を生誕の地としたのか解ったような気がした。恐らく彼の生まれた家屋敷は既に存在しないのであろう。あるいは彼の上京後に人手に渡ってしまったのかも知れない。貧しさに失望することなく彼は、精進の結果、角界の最高峰へと上り詰めたのである。そんな彼は、故郷の神社の名前を自分の四股名に頂いた。この羽黒神社に出世のお礼として立派な玉垣を奉納したのであろう。〈大関羽黒山政司　奉納〉と刻まれた玉垣に、盛んなりし頃の羽黒山の面影が蘇る。

四面を吹き渡る涼風にかの強豪横綱の残像が、ふっと私の脳裏をかすめた。ここは越後蒲原平野に鎮座する村社羽黒神社の初夏の境内である。

十一、秋場所の風情

隅田の川風が肌に心地よい初秋の朝の十時頃、私は濃紺の作務衣に黒皮張りの雪駄、印伝の小物入れを片手にという出で立ちで両国駅の改札を出た。いきなり眼に飛び込んできたのが、国技館の大屋根と秋風にはためく色とりどりの力士幟、その幟の群れの中から一際抜きんでた五丈三尺（十六メートル）と言われる櫓太鼓を打ち鳴らす鉄骨を組んだ櫓、その天辺から空高く突き出された二本の竹竿、その先端に麻の御幣が垂れ下がっている。いわゆる出しっ幣と呼ばれている天上へ向けての奉納を意味するものである。それらが辺りの空気と調和して相撲の雰囲気を漂わせている。

いささか残念なのは、以前の櫓は丸太と縄で組まれていて相撲情緒がもっとあった。これも時の流れであろうか。櫓の下部には大きな板番付が架かり、その下に当日の取り組みが黒々相撲文字で書かれて張り出されている。その横を通り過ぎる時の感興は、これまた何ともいえぬ情趣がある。

今日の観戦は、西花道の塩篭や力水桶のすぐ側の絶好の溜り席である。先日、協会の世話人が心配りしてくれた特別席なのである。そんな訳で、大いに楽しみにしてやってきた次第である。これまで何度も本場所観戦をしてきたが、滅多に土俵真下での相撲は観られるものではない。この溜り席というものは維持会員席といって会費も相当なものだが、空きがないと入会出来ない。入会待ちが数百人もいるという。

しかし、たとえ二階の自由席であろうとも、大相撲の臨場感はテレビなどの比ではない。国技館での相撲観戦には伝統の相撲様式美が館内に漂っていて、たまらない興奮に引きずり込まれるのである。ましてや本日は土俵下での観戦である。迫力というものがまるで違う。至近距離から観る力士の圧倒的体格は迫力満点である。立合のすさまじい気迫と衝撃音、激しい息遣い、どれもが息をのむ思いで見守るしかない。そして間近に観る力士の所作の中でみせる様々な表情、控えに入る前の動作、場所布団に腰を下ろして土俵上を見上げている各力士の個性ある横顔、皆勝負を直前にして気持ちの統一を懸命に努めている様が伝わってくる。取り組みに臨んで二字口《にじぐち》での挨拶の仕草も続く化粧四股、力水を受け化粧紙をもらい塩をつかむ一連の動作の中に戦い前の一瞬の空白にも似た時が流れる。仕切りに入る力士の気合いもぐいぐいと土俵周りに伝わってくる。赤房下の時計係の審判が制限時間一杯の合図の手を挙げる。塩に戻る力士。呼び出しの時間一杯を告げる声。呼応する力士。決戦に臨む最後の野太い気合いの入った「ヨシッ」と発する声が一瞬辺りに緊張を漂わす。

勝負は概して短い。その凝縮された戦いに全てを出し尽くした双方の力士、負けて次の力士に力水を付ける資格の無いまま花道で一礼して下がっていく力士の背中に漂う一抹の哀愁が、何ともいえず胸を打つものがある。これもまた相撲のもつ魅力である。一方、勝ち力士は次の力士に力水を付け、化粧紙を渡し花道で一礼、サガリの束に懸賞金を差し込んだものを片手に意気揚揚と引き上げる姿に送られる観客の拍手。しかし、この力士が明日も同じように花道を下がっていくか、それは誰にも解らない。神のみが知る不思議なものであるから、勝負には一種独特の哀愁がつきまとうのである。それがまた観る者をして何ともいえぬ人生の縮図を連想させる。

十二、相撲と人生

五十余年、土俵を見続けていると、相撲を通して人生とオーバーラップさせる場面や感慨が数多くあるような気がしている。土俵は、まさに人生の縮図のように思える。あの十五尺の丸い土俵の上に繰りひろげられる悲喜こもごもの人生模様、それは表向きの華やかさの裏に秘める厳しさ、そしてどこか哀愁を漂わす人一倍巨大な体から受ける悲しげな表情は、相撲をよく知る者にとっては痛々しくさえ感じる。がしかし、これもまたたまらない相撲の魅力の根源でもあるのだ。

相撲の世界に身を投じる動機はさまざまであろう。なかには前途を嘱望され請われて角界入りする者、素質の有無は関係なく好きで入る者、何となく特別な考えもなく漠然と入る者等々、入門のきっかけはいろいろである。一般に考えられているより角界入りする若者は意外と多い。一部では入門者の減少に困っているという話を聞くが、決して全体的にみれば少なくない人数である。しかし現実には、夢半ばにしてこの世界から去っていく者が大半でもある。ある者は未練を残し、ある者は納得し、それぞれの思いの中で身を引いて行くのである。志半ばで去らねばならない者達の気持ちは、浮き世の厳しさの比ではないだろうが、案外さっぱりとしている現代っ子気質の若者も少なくない。好角家やファンは彼らの第二の人生の成功を願ってやまないが、しかし現実は決して甘くない。何かの折りに彼等の不幸を知った時、心が痛む思いがする。

努力が報いられるとは限らないのはどこの世界でも一緒であるが、相撲ほどその現実の厳しさを味わうものも少ない。一生懸命に努力している者でも、一瞬の怪我ですべてがご破算になってしまう事例は枚挙にいとまがない。たとえば学生横綱になり、角界入りして幕下付け出しの待遇で取る予定であった男が、入門後の稽古で致命的な大怪我をして、遂に一度も本場所の土俵に上がることなく廃めていった事もある。これなどなまじ入門手続きを済ませていただけに気の毒である。力量は衆目が認めていても、勝負運に恵まれない者も多い。本人が一番じれったいと思うが、知らない内に番付面から名前が消えている。本人も関係者も残念だろうが、勝負の現実なのである。一方では大した期待もされなかった者が、いつのまにかじわじわと出世してきて、それに気が付いた周りの関係者達が改めて注目する者もいる。本人の必死の鍛錬がその陰にはあったことは当然である。その典型は横綱栃錦であろう。この体ではせいぜい十両が関の山だと言われた男が、遂に最高位まで上り詰めたのである。これなどは運にも恵まれている者なのだろう。やはり相撲というメンタル性の強い競技は勝負運の強弱が明暗を分ける場合が意外と多い。

番付に一応四股名が載り、そして年月が流れ、気付かぬうちに新旧の入れ代わりが日常的な相撲社会の厳しさは、悲壮感さえ漂う。去る者日々にうとしとはこのことである。長年相撲を観てきた者には、力がありながら不遇に泣いた力士をこれまで幾人も見ている。あの日あの時の一番の勝ち星を落としたがために、大切な力士寿命が尽きてしまった者達、彼等は今どうしているのか、時として想いだしては気の毒に思えて仕方がない。あの時昇進しておれば一代を築いた名力士になったであろうと、今は追憶の彼方へ去った力士達を想いだすとあわれさに胸が痛む。

私は完成された力士、つまり関取とよばれ栄誉を得た力士よりも、取的、すなわち幕下以下の明日を夢見る力士のほうが好きである。彼等はとにもかくにも必死である。その姿に好感を抱くのである。素質がありながらなかなか昇進出来ない者、反面さしたる資質とも思えぬ者が精進の末、関取の座を射止めた時など思わず拍手を送りたくなる場面。彼らの土俵には人生模様の機微が沢山ある。そして悲壮感が常に付きまとう。

相撲が人生とオーバーラップするこのような光景が、私を相撲に駆り立て、のめり込ませているのかも知れない。相撲はまさに人生の回り舞台である。私は人生の苦境にたたされると決まって相撲の世界のことを考える。そして納得する何かを相撲からヒントを得ている。

相撲道を考える

一、相撲道の具現者

今日七月十六日は盆の送り火の日である。各地で様々な慣習に習い祖霊送りの行事が行われる。盆は亡くなった人の送り迎えをする現世の人達の習わしである。私達は、この世の中で、いろんな場面において人を送り出したり迎えたりしている。私は今日、ある人物を感無量の思いを込めて送り出した。決して仏などではない。生きた人間の話である。

平成三年の大相撲の世界は未曾有の相撲人気の真っ只中にある。希有なる血統を引く十八歳の若者貴花田の出現を世間は異常な程の過熱ぶりで迎え又、彼の兄である若花田をはじめとして、綺羅星《きらぼし》の如く台頭してきた若手力士達で空前の盛況を呈している。その若手台頭の中で、大成を嘱望された横綱大乃国が未完のままで土俵を去ったことも、又、大きな話題ではあった。

このような角界にあって、今場所私は万感胸に迫る思いで一人の力士の引退を見守った。

ここで敢えて「引退」という言葉を用いたのは、彼に対する敬意からである。通常幕下力士が土俵を去った場合、引退とは言わない。(注：現在は、全ての力士が廃める場合引退と呼ぶようになった）察しの通り実は彼は名もない幕下力士なのである。角界の通を任ずる人ならば、その名前ぐらいは知っていようが、一般の人には無名の存在なのである。

その彼が「今場所で最後の土俵になりました……」と、本場所の開かれている名古屋から電話をしてきたのは今日の事であった。私は今場所限りで土俵を去ると報せてきた彼に「そうか……、長い間ご苦労だったな……」というねぎらいの言葉を掛けてやるのが、この時の私に出来る精一杯の祝福であった。聞けば八月一日付けで相撲協会の世話人として角界に残るということであった。

私は角界に残れるということに一抹の淋しさの中で何かホッとしたものが気持ちに残った。関取として上位を務めた者でも、最近はなかなか年寄として角界に残ることは難しいご時世なのである。理由は年寄株の異状な高値と数に限りがあり（一〇五株)、なりたくとも、なかなか空き株が無いというのが現状である。世話人として協会に残れたということは嬉しい事に違いない。何でも親方が奔走してくれたお陰らしい。彼の親方は、一世を風靡した史上最多の優勝回数を誇る大横綱大鵬である。私は彼が親方に誠心誠意尽くしたことを、よく知っている。それはかつて病に倒れた親方に献身的に身の回りの世話をしたことであるが、親方も又、そういう彼に誠実に報いたのである。

関取を夢見て角界へ身を投ずる若者は多い。しかし当然の事ながら、その中の一握りの者しか栄光の座には付けないのである。もちろん関取と呼ばれる地位に昇る事であるが、更にその上の三役、大関、横綱となると並大抵ではない。類い稀なる素質で、いとも簡単にその座を手中にした者も中にはいる。更には血を吐く思いの努力の末、報われた者もいる。

いずれも関取という名の栄誉を掴んだ者に違いない。しかし、大半の者は夢叶わず土俵を去っていくのである。その無念の思いは実に様々であろう。勝負の世界である以上、明暗は実にはっきりしている。誰もが、その割り切りの中で、それぞれの感情を秘めて土俵を去っていくのである。

彼もまた、夢叶わず土俵を去る一人なのである。しかし私は幾多の夢破れた力士の中で、彼は特筆に価する人間であると信じている。十七年前、高等学校を中退、角界に身を投じた一人の色浅黒き精悍な南国は沖縄県の若者がいた。彼は当時、全国に名を馳せた一代の大横綱大鵬の興した部屋に入門した。身体的には大して恵まれた素材ではなかったが、生来の真面目さと積極さでコツコツと頭角を現した。郷土に因んだ伝説の英雄の名前「飛鳥王」を四股名に、しばらく土俵を務めていたが、やがて一代の名横綱であった親方の一字を付けて「勇鵬」と改名した。

当時流行したピンクレディーのＵＦＯに呼び名が似ていたので一寸話題にもなったりしたが、彼はその名が気に入っていて、その後、今場所で土俵を去るまでその四股名を用いていた。コツコツと精進してきた彼にも、ようやく陽のあたる関取の座を掴むチャンスが訪れたのが入門十二年目の遅咲きの土俵であった。

最初の好機は難関と言われる幕下四枚目で堂々四勝を挙げて勝ち越した時であった。しかし、運命の神は非情であった。上位の星の関係で、次の場所は俗に大頭と呼ばれる西幕下筆頭に据え置かれた。その時私は勝負の世界の常とはいえ、その場所の上位の力士の状況からみて、血涙絞る思いの努力をした彼と当然入れ替えるべきだと義憤を覚えた程だが、番付とは冷酷なものである。

だがチャンスが潰えたわけではなかった。筆頭のその場所で勝ち越せば文句なく待望の関取の座を手中にする事が出来たのであった。けれども、一番相撲から四番まで星を落として夢は消えた……。ところが彼の真骨頂は、その後に発揮された。残る三番を腐ることなく連勝したのである。この健闘は相撲誌においても当時、評価されたものである。次の場所も未だチャンスは残されていたが、惜しいところで勝てなかった。それから暫く幕下上位に踏み止まっていたが年齢的にも彼のピークはここらが限界であった。

その後、幕下中位から一時は三段目まで下がったりもしたが、彼の土俵を務める態度には少しも以前と変わるところはなく、常に全力を出し尽くしたのである。稽古場においても、そうであった。彼ぐらいの古参力士になると手を抜くのが角界の常識ではあったが、彼には、そのような態度は微塵も見られなかった。一回り以上も年下の者の胸を目掛けて必死の稽古が続いた。そんな彼の人柄は相撲協会の幹部もよく知っていた。相撲教習所の指導員として、真面目な彼を長年にわたって登用したのである。

力士志願者に義務付けられている相撲教習所は、学生力士その他を問わず全員が半年間受講しなければならない大切なコースである。今をときめく外人初の大関も、今場所の異常人気の立役者である兄弟力士も、皆、彼に教習所時代に基本を教え込まれたのである。この人気兄弟力士の親であり又、親方でもある人から、兄弟の十両昇進時に「お陰で息子達が十両に上がれた」と礼を言われたことも秘められた話である。彼は教習所指導員として歴代一番長く務めた力士である。

彼のような力士が新弟子の指導をするということは、真の相撲道を学ぶ所として正に適役であった。新弟子で彼の胸を借りて育った者で、本場所の土俵で彼と対戦した者も少なくない。こんな話を知っている。彼が幕下の下位に下がっていた頃、下から上がってきた教習所時代の教え子と対戦した。その場所彼は体調悪く大敗をしていた。土俵に上がるまでは元気な若者に勝ちを譲ってもいいと考えていた彼は、いざ仕切ってみて目を見据えて真剣な眼差しで挑んでくる相手を見ているうちに、全力で相撲を取らないと相手に悪いと思い直し、気が付いたら相手を思い切り土俵に叩きつけていた、と話していた。ここら辺りが彼の値打ちでもある。

そのような彼に、その頃一つの勲章が出来上がっていた。連続出場記録、現役第九位という立派なものであった。一口に連続出場と言っても幕下力士の場合、一場所で七日間しか出場機会がない訳で、十五日間も取れる十両以上の力士とは条件が全く違うのである。十七年間の間、一日も休まず出場した鉄人記録である。

彼は会えば、いつも関取への夢を語り、最後までその座を目指していると熱っぽく私に話していた。事実、稽古場においても、その通りであった。いつ訪ねて見ても、土俵にあり、稽古にまみれていた。

その彼も、今場所は三段目の筆頭での土俵であった。初日から五番相撲まで健闘空しく連敗の土俵となった彼は、その晩ついに土俵を去る決心を固めたのであった。全力で取っても勝てない力の衰えが、これ以上相撲を取ることを潔よしとしなかった訳ではない。彼の真面目さが全力を尽くせない土俵を務めることを許さなかったのである……。

「土俵を去る」と電話をしてきた彼は「残りの相撲は、きちんと取ってケジメをつけます」と言っていたが、言葉通り彼は残り二番を全力で取った。一回り以上年の違う上がり調子の若手力士を相手に、残った力を出し尽くしたのである。そして見事に二度も勝ち名乗りを受けた彼には、もう一押しする力さえ尽き果てていたのである……。

精も根も使い果たし、二字口でサガリを握り締め、最後の勝ち名乗りの自分の四股名を聞く彼の胸中に去来するものは果たして何であったのか。それは果たせなかった大銀杏への未練ではなく、燃焼し尽くした男の誇りであり、土俵の残照であったのかも知れない……。

今、一人の男の勝負は終わった。栄光の横綱にはない真の相撲道の具現者の姿である。


（平成三年）

二、大力士への道をゆく

正月の隅田川の川風に乗って響いていた櫓太鼓のバチの軽やかな音も止んで、ようやくここ両国の町にも、いつもの静けさが戻って来たようだ。正月気分が未だ残る下町界隈の底冷えのする往来を兄弟子の用事なのだろう、素足に泥着一枚を羽織っただけの取的が急ぎ足で歩いて行く。肌を刺す寒風の早朝、肉付きの未だ充分でない若い相撲取りが、チャンコの材料の買出しや兄弟子の雑用などで両国の町並みのそこかしこを歩く姿はどこかうら寂しい反面、明日を夢見る若者に思わず一声掛けてやりたくなるような相撲の町独特の風情が織り成す情緒があった。

こんな描写も一昔前のことになりつつある昨今、これも時代と言ってしまえばその通りであろう。しかし、日本の伝統的古典美をもつこの大相撲の世界からも古き良きものが徐々に音をたてて崩れ去っていくのを見るにつけ、昔からの相撲好きには堪えられない寂寥感に襲われるような侘しさが残る。

初場所が昨日打ち上げた。

十四場所も優勝から遠ざかっていた、かつての常勝横綱貴乃花の復活優勝で見せた感涙のシーンが不思議と胸を打った。

私は、この横綱にこれまでほとんど関心を抱かなかった。様々な話題を独占した力士だが、何故か私には感動も何もこの力士からは伝わってこなかった。これは多分、彼が異常なほどに自己の感情を無理やり不自然とも思えるくらいの態度で押し殺してきた点であろう。それらのことについてマスコミは色々と書きたてたが、私はそんな記事に対してさえも逆に無関心であった。否、一瞥さえもくれなかった。取るに足りない事を仰々しく扱うマスコミ特有の軽率さに辟易していたのである。

いやしくも、伝統国技大相撲の最高峰を築いた人間である。そこら辺の薄っぺらな輩と同列に扱うマスコミの姿勢が、どうにも我慢がならなかった。かと言って、この横綱が好きだった訳ではない。好きになれなかったのである。かつての名横綱と比べて、記録的な面では全く遜色がない事は明らかだが、伝統大相撲の最高位の力士としては大きくその人間的魅力を欠いていた。最大の欠点は、相撲独特の美点ともいえる喜怒哀楽を押し殺すという事に垣間見る男の何ともいえぬ哀感と清々しさというものを大きくはき違えていた点である。そのことが、この力士に対する大きな不満であった。彼の角界入りした後の精進ぶりは誰もが認める事に異論はないが、その結果打ち立てられた数々の功績が、それまでの名横綱と比較してキラッと輝くものが少ないと思えた。

一体これは、どういうことなのだろうか。私は自分なりに考察してみた。残した実績は歴代横綱の中でも上位に位置するものであり、一時代を築いた力士には違いない。かつて双葉山という不世出の名横綱がいた。有名な逸話が「ワレイマダモッケイタリエズ」と、ある後援者に連勝が潰れた時打電した話である。人間双葉山を語る時に必ず出てくる余りにも有名なエピソードである。

「木鶏におよばず」という言葉の意味については、ここで詳しく述べる事は省くが、つまり双葉山ほどの強豪無双とうたわれた力士でも、この言葉のもつ境地に到達する事は容易ではなかったのである。

勝負に臨んで、いきり立たない境地、まるで木で作った鶏が静かにそこに居るというような我々凡人にはいささか理解しがたい世界の事である。双葉山は確かに相撲も断然強かった。しかし、ただ強い、勝つという段階の頃の双葉山には完成期にみられた魅力はなかった。当然、闘志を露にして相手に挑んでいた。否、これ程の力士が徹底して相手を倒さなくても、今ひとつ余力を残せばと思う観衆も少なくなかった。しかし、彼はその後精神的精進と稽古によって、遂に無我の境地に到達したのである。

今場所の貴乃花であるが、十四日まで全勝で千秋楽を迎えていた。大方の人が対戦相手の武蔵丸を破り、久々の優勝に全勝という花を添えるであろうと観ていた。しかしあっけなく本割で敗れ決定戦を余儀なくされた。私が驚いたのは、そのすぐ後の彼の行動である。慣例に従って番付上位の者が決定戦の場合、東の支度部屋に戻ってくる。本割で西から登場した彼は当然東へ回るのだが、テレビが追った彼の行動は今までに見たことも無いような異常とも思える動作であった。

引き上げた最初の西の支度部屋の鉄砲柱を数発思い切り突いた。髷もほとんど手入れをせず、東の支度部屋へ向かった後、再び鉄砲柱に向かった。当日の解説者は「こんなに気負っている彼を初めて見た。ちょっと心配ですね」と語った。確かにこれまでの彼は常に冷静さを示した。不自然と思われるくらいの沈着さがあった。それに今までの彼なら、先刻の本割の一番を九分九厘落とさなかったはずである。だが肝心の全勝を逸した一番には伏線があった。テレビが映し出した花道の奥の彼は、異常なくらい入れこんでいた。両手で顔をピシャピシャ叩き、両の腕の、胸板を激しく忙しく打ち続けていた。普通この程度の動作は出番前の力士なら何ら珍しくはないが、彼がやるとまた意味が違ってくるのである。短期間のうちに二十回の優勝を遂げ、勝って当たり前という一見冷静に見える彼の所作は、万人の知るところであった。そんな彼を知る者にとって久しぶりの優勝のチャンスとはいえ、奇異に感じたのは先の解説者ばかりではあるまい。

だが私は別の感情で、この光景を眺めていた。「ああ、この男も、どうやら普通の人間性を回復しつつあるな……」と思った。同時に、彼はこの一番を落としそうだと直感した。途端に私の感情の中に貴乃花への考えが変化したのに気付いた。それは、これまでのように彼が勝とうが負けようが感心が無いというような感情ではなく、もう少し詳しくいうと、この勝負がどうなるのかを固唾を飲んで観る、否、観たい、という大いなる彼への関心が高ぶったという事である。

それほど彼の所作に、私は好奇心にも似たものを覚えたのである。本割を落とした彼は決定戦に臨んだ。土俵に登場する前の動作は先程の通りだが、決定戦の一番は更に私の貴乃花に対する感情が一段と変化した。ここ一年すっかり安定し、地力を増した武蔵丸は、現在の貴乃花にとって相当手強い相手である。

その相手に対してまさに全力、死力を尽くし精根尽き果てたような相撲の結果、勝利を得た貴乃花の勝った瞬間に見せたその表情に、私がこれ迄無関心でしかなかった貴乃花への思いが一気に変化した一瞬でもあった。人間貴乃花の一面を観た思いがした。

それは「マダモッケイタリエズ」と悟った双葉山の境地を目指す、まさに生まれ変わった貴乃花の姿のように思われた。これまでの貴乃花は単なる記録上の強豪力士の一人にすぎなかったが、これからの彼は「大双葉山」を目指すスタートラインに立ったように思えた今場所の変貌振りであった。

（平成十三年一月場所）

三、遂に「不惜身命《ふしゃくしんみょう》」を体現

横綱貴乃花が昇進伝達式の席上で述べた言葉である表題の四文字は仏教用語で「命を惜しまず励む」という意味だそうだ。当時私は、自分の言葉でない表現で伝達式のような席上で口上を述べる風潮にある種の違和感を抱いていた。本人がどれ程、口上の意味を理解しているのか甚だ疑問に感じていたからである。

以来、貴乃花は角界の頂点に居座り続けて、幾多の実績を誇ってきた。最近、幾分その力に陰りが見えはじめたのは、勝負の世界の常で仕方のない事でもある。全盛期において、マスコミがいろいろ公私にわたり取り上げたこともあり、必ずしも、その積み上げた実績に比してややアウトロー的存在になりかけたことも否めない事実である。私もそれ程、彼の事に好意的な見方をしてこなかったことも、又、その通りであった。

ところが長い雌伏の時を経て、最近ようやく、一頃の抜群の強さは影をひそめたものの、名横綱の片鱗が見られるようになった。その間に同じ横綱の武蔵丸は着々と地力を付け、実力では現在、角界では恐らく一番ではないかと思えるほどの状況にあるし、若手の成長も数多く見られ、新旧交代が近いことを感じさせる、ここ数場所である。

そんな最近の場所、平成十三年の夏場所に、私は今までとはちょっと違うものを感じていた。貴乃花の土俵振りに何となく魅せられてしまい、注目して観ていたのである。両横綱の初日と三日目の取り組みに特に私は興味を持っていた。いずれも貴乃花は勝ち、武蔵丸の方は負けた二番である。

この二番の対戦相手と両横綱の相撲の内容に際立った差異が感じられ、私の興味を呼び起こしたのである。つまり武蔵丸は負けるべくして負け、貴乃花は勝つべくして勝ったと、私は観たのである。

それは両者の相撲の完成度に大きな開きがあり、そのような結果となって表れたのである。

ここで記録しておきたい事は、両横綱が対戦した千秋楽の二番の相撲である。つまり本割りと優勝決定戦である。十四日目全勝で臨んだ土俵は貴乃花にとって、よもやの展開になってしまった。相手の大関武双山は実力者とはいえ今場所の両者の状態からみて九分通り横綱の勝利は固いと観ていたのだが、勝負は最後まで分からないと言われる通り、横綱は敗れた。

おまけに手痛い大怪我までする羽目に陥ったのである。翌日の出場は、どうみても無理である、と誰の目にもそう映ったくらい、思わぬアクシデントに見舞われたのである。しかし貴乃花は翌日の千秋楽に出場を決意、場所入りした。テレビは、その様子を映し出し、解説者は、その予期せぬ大怪我に相撲を取る事自体、無理があると悲痛な声を出していたぐらいである。

そして結びの一番、両者は土俵に上がってきた。貴乃花は、それまで何事もないように見えていた右膝が、仕切りに入るとガクリとして、痛々しい状態を曝け出す羽目になった。蹲踞《そんきょ》もままならぬ状態のまま呆気なく立ち上がり、簡単に突き落とされて土俵に這った。全く相撲にならない状況と、誰の目にもそう映っていたのは当然である。

それにしても武蔵丸の相撲振りには、何とも後味の悪さが残った。何故、手負いの相手に対して、せめてその攻めを受け止めてやるくらいの取り口が出来なかったのか。そこらあたりが、この力士の相撲に対する未熟さと思えた。本割りで敗れた結果、両者は再び同点決勝を今一番土俵上で取らねばならない。満場の観衆もテレビ桟敷の人達も、その非情な現実に思わず目を覆いたくなる気持ちであったろう。それくらい、この二人があと何分か後には再度相撲を取るということに惨酷なものを感じていたに違いない。その無謀とも思える状況に、私は成り行きを見守っていた。

テレビは貴乃花の支度部屋での様子をずっと映し出していた。彼は終始無言の様であり、時折、ビンの水を口に入れている。周りの付け人達も無言で見守っていた。無表情の横綱は軽く足の様子を見ながら体を少しずつ動かしている。

拍子木が鳴った。いよいよ絶体絶命の時がきたのである。土俵に向かわねばならない。ところが彼は、その拍子木の音が耳に入ったのか、入らなかったのか、相変わらず、ゆっくりと体を動かして呼吸を整えているように見えた。かなりの時が流れたように思えたが、それは大した時間ではなかった。そこへ痺れを切らした若い者頭が「時間です」と声を掛けにきた。

私は一瞬、彼が勝負を放棄するのでは、と思った。しかし間もなく彼は何事も無かったかのような足取りで花道へ向かった。そこには迷いが全く感じられない達観した人間の風格さえただよっているように見えた。私は決定戦の土俵が思わぬ結果になりそうな予感を抱いた。

多分、彼は思い切り左へ変わり、上手を引き、痛くない左足を軸にして上手から攻める相撲に全力を掛けると、私は観た。そして、相手武蔵丸の心理も考えてみた。本割りの相撲の後味の悪さが必ず尾を引いている筈だと。だとすると、心理面の迷いが勝負に影を落とすことが十分に予測される。

時間一杯になり、両者、運命の立ち会いをした。貴乃花は、私の予想に反し、思い切り突いて押して出た。この攻めは相手の心理面に大きな動揺を与える結果になった筈である。続いて案の定、左上手を取りにいき、しっかりと引いた。あとは一か八かの左上手からの投げである。ところが、右を差した武蔵丸に一瞬上手を切られた。あっと思ったが、再度切られた上手をすかさず取り直した。と同時に左からの渾身を注いだ投げを打つと、相手の巨体は横転した。

まさに奇跡の瞬間であった。その時の貴乃花の形相は、かつて見せたことのない物凄いものであった。これぞ鬼神の顔であろう、絶体絶命に追い込まれた人間が、起死回生の離れ業を展開した時にのみ見せる無意識の動作であったのだろう。翌朝の新聞は色々な論調を掲げた。私と同じ観方をしたものは一紙もなかった。私は何故か嬉しかった。所詮マスコミの相撲に対する見識はその程度だろうと考えたからである。貴乃花は不惜身命を体現したのである。

（平成十三年夏場所）

四、大横綱の風格

台風の余波の大雨もどうやら各地とも治まったようで、我が家の庭の木々も充分に洗い清められて、目にも初秋の佇まいが、そこはかとなく漂っているのが判る。今日から秋場所が幕を開けた。昨今人気低迷の大相撲も、この場所ばかりは久しぶりに大衆の関心を集めている模様である。

希代の名横綱の進退がかかっているというので、各紙とも連日、関連の記事の掲載に余念がないようである。その注目の横綱貴乃花が、いよいよ八場所ぶりの本場所の土俵に上がるとあって、初日から、その行く末を観んものと大入り袋の出た国技館は大変な賑わいであったらしい。

取り組みも次第に進んで、結び一番前の取り組みが注目の貴乃花の相撲である。初日の取組としては珍しく十五本の懸賞も懸かる過熱ぶりである。改めて、この力士の存在感を知る思いがした。恐らく全国の衆目がこの一番に注がれていると思われるような、一種異様な空気の中に注目の横綱の土俵が迫ったのである。

テレビカメラは花道の奥を何度も映し出し、控えに入る前の横綱の様子が画面に大きく映し出される。彼の周りには報道カメラマンが群がり、遠慮会釈なく、さかんに精神を集中させようと努める横綱にフラッシュがたかれる。テレビの解説者も流石に、この光景には苦り切った様子であった。

やがて花道をゆっくりと控えに向かう横綱は、満場の拍手、声援それらのものが全く耳に入らないかのような悠々とした態度で土俵下に入ろうとしていた。その顔には久方ぶりの本場所の土俵という、当然あって不思議でない緊張感など、微塵も感じられない。それどころか穏やかな表情すら漂わせている。

私が想像していた状況とは余りに異なる、この力士の一挙手一投足にある種の驚きを覚えた。

その瞬間私は何か大きな精神的変化が、この横綱に、この一年余の苦況の続く中で何か重大なものを感得させたのではあるまいかと考えたのである。

衆人注目の勝負の方は少々、危ない面もあったが、淡々とした中に顔色ひとつ変えず、あっさり八場所振りの勝ち名乗りを受けた。やはり、この横綱は希代の力士であると私は改めて感じ入った。二日目以降が、どういう展開になろうとも、よしんば、この場所限りで引退という結果を迎えようと今日の本場所の一番にみせた彼の悠々迫らざる土俵態度がその価値の全てを証明したと私は考える。

（平成十四年）

五、横綱とは何か

モンゴル出身の大関朝青龍が平成十五年一月場所十四日目に、他の優勝可能だった力士の自滅によって早々に優勝を決めた。連続優勝である。

周囲の関係者の談話によれば横綱昇進も確実になったと、マスコミは一斉に報道している。だが、彼の大関昇進時には、心ある好角家はこぞって時期尚早と強く昇進に反対した。

それは成績のみに偏った評価に対する異論であった。星勘定の上だけの論議には軽率さがあった。彼の日常の言動には、入門僅か三年余という当然の事ながらの未熟さが露呈されていた。角界の慣行やこの世界独特の礼節が全く身に付いていない、未だ新弟子同然の力士といえた。上位の者に対する礼儀、力士としてのマナー、特に場所柄をわきまえない粗暴な態度、これらのものが身に付くには、時間が必要であった。

それは指導する親方にも責任がある。大体昨今の力士の伝統無視の最大の原因は、学生力士上がりの親方が急増したことにある。それらの親方は、下積みの苦労をしていないので、肝心の修養が欠けている。朝青龍もそんな親方が指導している点、損をしているといえる。

ともあれ、未熟な大関が誕生した事は残念なことである。その大関が、三場所にして最高峰の横綱になろうとしている。

基準を満たしていると関係者は言っているようだが、星勘定だけで安易に権威ある地位に昇格させて良いものだろうか。

連続優勝とは言っても、余りにも状況が安易なものであった。上位陣不在、三役も絶不調の者ばかり、そのようなかで二場所好成績を挙げたと正当な評価が出来るものなのだろうか。いろいろ課題のある中で、改めて朝青龍の相撲が横綱に相応しいものか、よく吟味しなければならない。

静に耐え動に酔う
相撲道の真髄を表わす24代式守伊之助の書幅

確かに彼の集中力、動きの速さは、格下力士に対しては断然その差をつけている。私は全勝してもおかしくないと思っている。しかし平幕に見事にやられた。この負けは三敗以上の意味がある。

さて、彼の相撲内容は、天下の横綱たるに相応しいものか。抜群のスピード相撲で格下相手に連続優勝を手中にしたが、内容は只勝ったというだけで、決して大関、横綱の相撲ではないということである。彼の相撲はスピードプラス、ケレン味の多い相撲振りである。

その代表的なのが、相手の足、太股を抱えるように取って、間髪を入れず相手に立ち直る隙を与えず送り出し、下手投げというパターンが多い。大体、大関が相手の足を取るということ自体、姑息なことであろう。

横綱を目指すなら、正面から相手を寄せ付けない力相撲を見せるべきである。横綱相撲とは、根こそぎ正面から屠る力相撲を取ることである。その正道を忘れ、只、星の数が昇進基準に達したからといって、安易に横綱を作るべきでは決してない。過去にも連続優勝して見送られた例はある。若い未熟な者を急いで昇進させる必要はない。

国技大相撲の権威を保つためにも、今回の昇進は当然見送るべきであった。もし昇進をさせれば、現在相撲協会が抱えている諸改革の問題など当分の間できないと心得るべきである。なぜなら、それだけの力量、見識の人材が現在の協会には不在だということになるからである。

（平成十五年初場所の朝）

この文章は、若干時期的に見れば少々前のことになるが、私は朝青龍が三連続優勝、連勝記録と騒がれた現在もこの考えに変わりはない。

六、朝青龍の取り口は相撲なのか

朝青龍の大関昇進時における世間一般の賛否両論の渦巻いたあの時、そして昇進規定を充たしただけの理由で、あっさり横綱推挙を許した関係者への批判等々、モンゴル出身で初めて横綱昇進をした力士への評価は実に様々であった。その後の行状にも大きな波紋を投げ掛けたが、先場所の全勝優勝それに続く連勝記録の更新への期待に気の早いファンの中にはモンゴル時代の到来だとか、久方ぶりの本格派横綱の再来だと、その評価は実にかまびすかしい限りである。

一般の相撲ファンにすれば、久しぶりの強い負けない力士の出現に拍手喝采というところだが、果たしてかつての強豪横綱の再来という評価でとらえて、その強さを認めてもよいものか私には大いに疑問がある。

そもそも相撲というものは、表面的な結果だけで評価できない特殊なものがある事に、まず認識を新たにする必要がある。現代スポーツファンが観戦上最も大きな認識違いをしているものに、全ての競技を記録という見当違いの基準を持ち出して論評をしている点である。面白いといえばそれまでだが、競技の本質を理解しない素人だと言って差し支えないだろう。そのような人たちの記録重視のバロメーターで測られる競技こそ誠にもって迷惑千万といえる。

相撲はご承知の如く長い歴史の変遷を経ながら、今日に至っているわが国独特の伝統文化である。そのとてつもなく長い時間の中において、技術的、様式的、時代的認識等々、幾多の変化を繰り返しながら確固たる基盤の上に成り立っている。決して一朝一夕に今日の相撲が存在する訳ではない。

原始時代の単純な格闘に端を発し、現在のような確立された相撲様式に至るには、紆余曲折を繰り返してきたことは当然である。したがって相撲は、その精神性、技術性がしっかりとした伝統に裏打ちされたものとして歴然として存在するものである。

すなわち相撲道の本義、並びに相撲技術、それらの伝統的環境の中で力士は練成されているのである。この伝統の世界にまったく異質なもの、例えば相撲道を無視するような競技マナーそして本来的相撲技術とは異なる技の使用が入って来たとしたら、伝統の中で育った力士達は当然困惑するに違いない。当たり前の事であるが、相撲は異種格闘技のようなものを受け入れる世界ではないのである。

まず相撲道という面から話してみよう。おおよそ相撲の基本は正々堂々の宣誓から始まる。最初の所作である塵浄水がそれである。取り組みに至っても、そこには暗黙のというより相撲道に則った良識が常に働いているのである。例えば、明らかに勝ち負けが明白な状態において無用な攻撃は決してしない。負けが歴然としている力士は、未練がましい見苦しい態度は決してとらない。

具体的にいうと、〈死に体〉という この世界の用語がある。これは、たとえ相手が先に手を着こうが足を出そうが自分の体勢が復元不可能な状態であれば、その時点で勝負は決しているのである。「かばい手」という言葉も同様である。相手を不必要に痛めつけるということを避けるために、体《たい》のない相手より先に土俵に手を着いて、その衝撃を少なくするのである。

勝負への執着のあまり無理をして勝ちを取ろうとする者もいるが、相撲道の面から見ると感心した事とはいえないだろう。勝ちたい気持ちは解らぬでもないが、相撲という競技では勝負が決した状況で見苦しくない程度に抵抗すべきであり、それ以上の事は相撲道の本質から外れる。

さて相撲はメンタル性の強い競技であると述べてきたが、横綱朝青龍の取り口に私の見解を若干述べさせて頂きたいと思う。確かに彼は、ここ一、二年の間に他の力士に力の違いを拡げていった事はその通りである。先場所、初場所は全勝優勝し、続く今場所も七日目迄連勝を保っている。一般ファンはその強さを段違いのものと観ているようである。朝青龍は確かに現在他の力士と比べると、成績の上では大分水を開けている事は間違いない。けれども、その額面どおり他の力士に比しずば抜けているのだろうか。

彼はモンゴル相撲で有名な親兄弟をもつ。いわばモンゴル相撲の名門の出である。他のモンゴル出身力士にも共通することであるが、全員が足腰が強く腕力も優れている。遠い昔ほどではないが、格闘技に必要な野性味も全員共通で持ち合わせているように思える。相撲の取り口にもモンゴル相撲独特の片鱗が間違いなく観てとれる。朝青龍の塵浄水を切る所作の最後のところでみせる動作に、モンゴル相撲が取り組み前に演ずる鳥の舞う所作を連想させる事を意図的か無意識か知らぬがやっている。時間一杯を告げられ塩に向かう動作も、やはりその感がする。

彼は大柄でないが決して小さくはない。一メートル八十六センチの上背がある。足腰も腕力もかなり強い。柔軟性もスピードもある。その身体的能力を充分発揮して相撲を取っているように見える。そして好成績を残している。

ところが横綱相撲とは思えぬ取り口が余りにも多すぎる。日本人力士では簡単にできそうもない低い姿勢から相手の太股を抱えにいく。そして素早く後ろへ回るかと思えば、片足で踏ん張っている相手をいともあっさりと投げ捨てる。かと思うと、土俵中央で相手を胸のあたりまで吊り上げ、そのまま土俵外へ運び出すのかと思いきや、回しを後立褌辺りへ握り直してレスリング並の吊り落としをする。極めて派手な相撲振りである。しかし、ただそれだけのことであると言いたい。全体横綱の相撲というものは、むやみに動くものではない。むやみに動くことは、品位を欠くことである。動かないで動くより、力を必要とするような取り口が真に品位ある取り口なのである。動より静を尊ぶのが相撲の本義なのである。朝青龍の取り口は、観ている者は一瞬ひやりとさせられる。相手の怪我を心配するからである。このような取口は決して豪快という名に値しない。粗野粗暴の取り口である。昔でいう「土角力」としか思えない。また相手を土俵際へ追い詰めて、完全に土俵を割っているような状態にも拘らず、腰を相手の膝近くまで落とし、相手の膝裏辺りを抱き上げようとするなど危険な光景が目に浮かぶような取り口をみせる。このような取り口は本来の相撲技とは異質な気がする。

だから相手は面食らうし取りづらい。これでは横綱相撲には程遠い。したがって成績も額面どおりに受け止めるわけにはいかないのである。土俵入りも相変わらず無意味な所作を繰り返し、横綱土俵入りがどのようなものであるのか一向に理解していない。せりあがりの時、左手の防御を表現してみせる手の位置など、何を意味するのか関係者は誰も注意・指導を何故しないのか、あきれかえるばかりである。よっぽどちびっ子相撲の土俵入りのほうが型にはまって決まっている。二字口《にじぐち》での懸賞金の受け方など、いい加減も甚だしい。根本的指導を徹底すべきである。

朝青龍の取り口は相撲なのかと表題に書いたが、相手が面食らうような取り口は横綱として大いに反省して堂々とした真の成績を残すべきだろう。ついでであるが、国際化しオリンピック競技にもなっている柔道も、当初外国人の対戦において戸惑いと苦戦を強いられた。彼らの柔道は、日本人が認識している柔道とは異なっていた。たとえば民族特有の腕力の強さと体格で仕掛けてくる技、代表的なものに、「すくい投げ」というものがある。相撲の技と名前は同じだが全く違う。相手の太股を外側から強烈な力で抱え上げ、大きく持ち上げて裏返すのである。このような技は私が柔道をやっていた頃には、ほとんど日本人選手はやらなかった。技というには余りにも強引過ぎたからだ。しかし近年は、外国人と対戦するためにも日本人選手もごく普通にやっている。もうひとつ「裏投げ」という技がある。プロレス好きの人にはよく知るバックドロップに似た技である。これも力の強い外国人選手は多用する。当初日本選手はこの技に大分苦戦をした。投げの型で知ってはいても、実戦に使うにはかなり無理があったのである。今では、ごく一般的に国内の試合でも見られるようだ。

つまり日本柔道は当初、柔道にレスリングをプラスしたような外国柔道に勝手の違いから苦戦をしたのである。今日の世界柔道は、日本柔道とはその考えを異とするも、国際ルールがそう規定している以上日本柔道対世界柔道という考えは捨てなければならないだろう。

しかし、柔道はルールがどんどん変化し、いまやオリンピック競技であるから日本人が苦戦しても必ずしも非難されるべきではない。けれども大相撲は日本固有の伝統文化である。決してその固有性を安易に失うような愚かな事だけは断じてすべきではない。そういう観点から朝青龍の相撲には納得しかねるものが多い。


（平成十六年一月）

七、死に体、解釈の怪

暑い名古屋場所が俄《にわか》にそのうだるような熱気をオーバーヒートさせた。平成十六年の名古屋場所、戦前評は、圧倒的に朝青龍の優勝を予想するものばかりであった。ところが、八日目の結びの一番が前代未聞の展開になったのである。対戦相手が琴ノ若であり、波乱はまったく考え難かった。不振な相手では勝負にならないと誰もがそう観ていた。

ところが死に馬に蹴られた、と言っては琴ノ若に失礼だが、なんと横綱をものの見事に裏返しに叩きつけたのである。まさかの光景に館内の興奮は絶頂に達し、座布団が大乱舞した。がその騒ぎも束の間、一瞬場内が呆気にとられたように静まり、間髪を入れず再び騒然となったのだ。

完全に決着がついた相撲と誰もが観た一番に、何と物言いが付いたのである。何が起こったのかと驚いた。琴ノ若の完勝に疑義を挟んだ審判がいて、五人の勝負審判が土俵に上がったのである。テレビのアナウンサーも「どうしたのでしょうね」と解説者に聞いている。

どうやら琴ノ若の手が先に土俵についたということらしい。「そんな馬鹿な」その言葉に私は頭に血が上る思いがした。観てのとおり手が後か先かの展開などではなかった。朝青龍は完全に裏返しにされ、その体勢は素人が観ても明らかに死に体の状態であった。その日の解説者は、引退したばかりの元大関貴ノ浪の音羽山親方と元舞の海であった。音羽山親方は「相手が反り技でも掛けて、もつれたのであれば土俵へ何れが先についたか云々もあるが、あの相撲は朝青龍が完全に裏返しにされ、死に体であり、決して残したとはいえない。」と解説した。一方舞の海は、これは歴史に残る大一番、横綱の驚異の粘り越し、かつての北の富士、貴乃花戦と同じだと評した。

二人の解説を聞いて、少々皮肉っぽい考えを抱いた。この二人は勝負の見方にかなり差があると思ったのである。その決定的相違は、一つに二人の体格の大きな格差。類まれな身体能力を誇った元大関、一方は小兵中の小兵、あまりの小ささに相手力士が戸惑いを覚えるほどであった。二つには現役時代の地位。貴ノ浪は元大関で二度も優勝経験し息の長かった名力士、片や舞の海は元小結とはいえ「家賃の高い」三役を経験したという程度、土俵寿命も短かった。当初攪乱相撲で星を挙げていたが、それが覚えられてからは、なかなか勝てなくなっていた。三つには相撲技に対する意識の違い。正攻法相撲と奇襲相撲である。四つには相撲に対する観方のちがいである。舞の海は解説を聞いても解るが、近代スポーツ的明るい調子のスマートな相撲観であり、元大関は本来的相撲観、伝統相撲の枠から出ない相撲観である。

このように二人の素地から見て当然解説の内容も対照的である。それぞれの個性があって良いのだが、間違ったことを言ってもらっては困る。朝青龍は死に体ではない、と観た舞の海の相撲観。盛んに驚異の粘り腰とか彼にしかできない芸当だと話していたが、見当違いも甚だしい。彼は余程、変則的執拗な粘りが好みらしく、完全に勝負の着いている状態でなお粘ろうとする朝青龍を賛美しているのである。

粘りとはそのようなものではない。朝青龍のあの執拗さは相撲道に反する。怪我を防ぐ観点からも角界には勝負の決着後のマナーとして厳然としたルールがある。裏返しにされた力士が褌から手を離さず、しがみついていたら、どうなるのか力士ならそれくらいのことは解っている。少し前なら、そんな相撲を取ろうものなら「田舎相撲」とどやしつけられたものである。互いに怪我をすることが歴然としているからである。プロの力士として恥とすべき行為である。ましてや横綱だ。

この一番でも、朝青龍は力士として未熟さを露呈した。ここで、世紀の物言い、差し違いと言われた一九七二年初場所、横綱北の富士と関脇貴乃花の相撲が思い出される。この相撲は横綱の外掛けで重ねもちになりかけたが、関脇は背中が土俵につきそうな状態から肩越しに横綱を投げようとした。両者重なって倒れたが、上になった横綱の手が先に着いたとして軍配は関脇に上がったが、物言いが付き結局ついた手はかばい手と判断され、軍配差し違えで横綱の勝ちとなったのである。

私もこの一番を観ていたが確かに手が先についたのは事実だが、あの体勢からの関脇の抵抗にはかなり無理があり、怪我の原因となりかねない危険な行為といえた。それはすなわち相撲道から観れば無意味な抵抗とみなされて当然である。

当時のマスコミは盛んに関脇の足腰の強靭さを賞賛したが、明らかに見当違いである。それは八日目の相撲であった。今回も奇しくも八日目であった。共通するのはどちらも無用な粘りをみせたことである。二十二年前の一番における死に体論議は微妙な一面もなくはなかった。しかし、今回の相撲は誰が観ても死に体と判定する事に異論の挟む余地はまったくなかった。それなのに五人の審判は誠にもって奇怪な判定を下した。行司は差し違えをすると進退伺いをたてなければならない。今回のような大誤審は審判にも謹慎の処置がなされてもおかしくない。勝負の判定は覆らないのは常識である。それだけに権限をもつものの見識や洞察力は厳しく問われる必要がある。

明らかに勝負の判定に統一性を欠く現在の審判部は、しっかりとした研究と勉強が必要である。今度の一番で死に体の定義が変わるかもしれないと言った解説者がいたが、笑止千万である。死に体は死に体である。異論が出るほうがおかしい。

参考までに、財団法人日本相撲協会の勝負規定の死に体の定義を記しておこう。

――相手の体を抱えるか褌を引いて一緒に倒れるか、または手が少し早くついても相手の体が重心を失っている時、すなわち体が死んでいる時は、かばい手といって負けにならない――

かばい手と判断され勝った元北の富士は解説で「完全に裏返っている。いつまで褌にしがみついているのだ、コノヤロウーって相撲だな」と一刀両断に切り捨てている。胸のすく名解説である。琴ノ若に同情して止まない多数のファンは、いくらかはこの一言で溜飲が下がったかも知れない。

朝青龍は今回の相撲で二つの大きな欠陥を露呈した。相撲道の理解が不充分すぎる点である。これは横綱として適性を大いに欠いている。次に自分本位の相撲にならなかったときのもろさである。横綱相撲としての力量。それは連勝しているからとか連覇しているかの問題ではない。横綱とは相手に充分取らせてじっくり相手を制す、これが真の強さである。いつまでも同格の者と取り組むようなゆとりのない、勝ちばかりを意識した相撲ぶりでは綱の権威が泣こうというものであろう。

今度の問題の一番は横綱の認識、マナーそれに勝負審判の相撲を観る眼のお粗末さを如実に物語った点で、後世に残る極めて遺憾な相撲であった。関係者の猛省を促すと共に、無念の涙を飲んだ琴ノ若に改めて真の勝者としての誇りをもって欲しいと念ずる。

（平成十六年名古屋場所）

八、これこそ相撲道

平成十六年名古屋場所八日目の結びの相撲における世紀の大誤審から三日経った十一日目の相撲、私は、これこそ真の力士であろうといえる感動すべき一番を観た。

あの大誤審の被害者である琴ノ若の土俵態度に名力士と呼ぶに相応しい品格を感じたのである。この日の取組には、何故か一瞬ヒヤリとさせられる大怪我にいたるような相撲が何番かあった。

案の定、安美錦は膝が入りすぎて致命的怪我をして休場にいたった。他にも一歩間違えれば大事にいたった相撲があった。そんな土俵で琴ノ若は小結玉乃島と対戦した。琴ノ若の厳しい左上手の引き付けに小結は腰が砕け、膝が入ってしまった。一瞬倒れる相手をかばうように琴ノ若は左上手を離し土俵に手を着いた。軍配は当然のことながら琴ノ若に挙がった。あの誤審の腹立たしさに死に体など無くせばいい、と気持ちを露呈した彼。にも拘らず、再びお粗末な勝負審判がおるかもしれない相撲で、相手をかばう事を敢えてやったのである。いや、そうではない。彼の心身にたたき込まれた相撲道が、そうさせたのだ。彼は大誤審のやり場の無い感情が、未だ覚めやらぬ今日、またも相手を思いやる土俵態度を満天下に清々しく示したのである。誠に立派な大和島根の益荒男ぶりである。

皮肉な事に表面上全勝を続けていた朝青龍が（琴ノ若戦は完敗であるが）完全に、栃東の鉄壁な相撲の前に、一蹴されたのである。わたしが朝青龍の相撲について日頃言っているように、彼は自分本位の相撲の流れを断たれた時の軽さ脆さ、今日それを露呈した。他の力士もその点をしっかり見極めるべきである。記録ほど彼の地力はたいしたことはない。それよりもあの大誤審の一番を翌日の談話で自画自賛した軽率さである。なんと、あの大勢から一回転して立ち上がれたかも知れない、とぬけぬけと放言したことである。言動全てに横綱失格である。

大誤審の一番を「完全に裏返っている、いつまで褌にしがみついているのだ、コノヤロウーって相撲だな」と一刀両断に切って捨て、痛快な名解説をした北の富士が、今日の琴ノ若の一番で「また先に手が着いたが、誰も物言いにならなかったね」と皮肉たっぷりに言っていたのが印象的であった。

翌十二日目の玉乃島の土俵でアナウンサーが、こんな話をしていた。昨日の一番で、今日の土俵が危ぶまれた彼は幸い出場できた。彼の談話を紹介した内容に、私は密かに我が意を得たりと思った。玉乃島は昨日の一番で琴ノ若関が自分が倒れた時かばってくれなかったら、今日の出場はできなかっただろう、と語ったことに彼の正直さと力士の常識を見た思いがした。当たり前といえばその通りであるが、自分が負けたかどうかは、取り組んでいる者同士が一番分かるのが常識である。彼もまた立派な力士といえる。

（平成十六年名古屋場所）

九、相撲道と双葉山

新装なった時津風部屋を覗く機会があった。郷土出身力士で三段目に在位している男を食事に誘ったその帰り、彼が「部屋をご案内しましょうか」というので、どんな風に部屋が新しくなったのか興味が湧いたので行ってみた。

　時津風部屋は不世出の大横綱双葉山の興した部屋で、時津風部屋と呼ぶより双葉山道場と言ったほうが通りがよかった。新装の部屋は、その双葉山道場と書かれた銅版を、そのまま部屋の看板の上に残し、往時を偲ぶ雰囲気をとどめている。場所が終わった後で他の力士達は誰もおらず、部屋はがらんとしていた。土俵は綺麗に掃き清められ羽目板《はめいた》の上段には、この部屋の生んだ関取の名札がずらりと古い順に掛けてある。私にとっては懐かしい四股名ばかりで、その一人一人の面影が想いだされる力士ばかりであった。私を案内した郷土力士が「いつも気にしているのですが、あの字は何と読むのですか、意味はどういうことですか」と指差す方を見ると、上がり座敷の後方の上段の壁に大きな扁額が掲げられている。一目見てはっとし

横綱双葉山　長谷川信広画　昭和14年刊

た。それは余りにも有名なエピソードを持つ言葉で、あの双葉山を語る時決して切り離せないものである。

例の木鶏《もっけい》の二文字である。揮毫した人は安岡正篤《やすおかまさひろ》である。左隅に正篤の自署があった。この部屋の所属力士である彼が毎日眺めているはずのものを理解していないという事も不思議なことではあるが、昨今の若い人達は少々難しそうな字には興味を抱かないと見える。それでも質問したところをみると周りの力士達も知らなかったようだ。それで私に聞いたのだろう。すこしおかしかったが、事の由来を語ってあげた。彼は不得要領な顔をして聞いていた。

私は話しながら、あの偉大な大横綱双葉山のことを想いだしていた。恐らく史上空前絶後の記録になるであろう六十九連勝が止まった時、当の双葉山が安岡正篤宛てに打電した「イマダモッケイニオヨバズ」という有名なこの逸話に想いを馳せていた。ここにその話を再録してみるのも相撲道を語るにあたっては大いに意義のある事である。

元双葉山の時津風定次著『相撲求道録』から引用してみるのが適切かと思われる。その著書の序に安岡正篤の一文がある。


大戦の始まる前年の正月のことであった。その時、私は欧州に向かう照国丸に乗って印度洋あたりを航海して居ったが、ある日船の電信係がやってきて「先生、双葉山からららしいですが、電文の意味がどうもよくわかりません」と言って、一通の電報を見せた。

もう始めの方が忘れたが、終に「イマダモッケイニオヨバズ」とあった。そうか！ と思わず私は感嘆した。船員は、「これでいいんですか、一体何のことですか」としきりに訊ねるので、私はこれは連戦連勝の双葉山が、初めて安芸ノ海に負けた報せで「モッケイ」は「木鶏」、荘子（外篇達生）や列子（黄帝篇）にある闘鶏の話であることを説明して聞かせた。

昔紀省子という闘鶏を飼う名人が、王様の為に一羽の勝れた鶏を育てていた。十日ばかりして、王「もうぼつぼつ言いかね？」紀「未だいけません。丁度空元気の最中です」また十日ばかりして王は催促した。紀「まだいけません。相手を見ると興奮します。」また十日ばかりして待ちかねた王が催促すると紀「まだいけません。相手に対して何が此奴がという風に、嵩にかかるところがあります。」また十日ばかりして、痺れをきらしている王に、彼はやっと言った。紀「もうぼつぼつ宜しゅうございます。一寸と見ると木彫りの鶏のようで、その徳が完全なのでございます。どんな鶏だって、もう応戦するものなんかございますまい。皆退却しましょう。」とその状況を報告した。

私はいつか角力で有名な酒井忠正《さかいただまさ》伯や、中谷清一《なかたにせいいち》君（双葉山関の若い頃からの心友）等と食卓を共にして閑談した際、たまたま同席していた双葉山関に、どうした拍子か、この話をしたところが、関取は非常に感心したようであった。然しもちろん一宵の清話にすぎぬことで、私はそのまま忘れてしまっていたが、この電報によって彼がこの話を深く心に印し、綿密な工夫を実地に積んで来たのであろうと推察して更に敬意を新たにした。東京に居ればこの機に又何かと語りあえたことであろうが、私はそれから欧米を巡遊し、帰国するとやがて戦争になり、ついに語りあう機会も少なくなって過ごしたが、常に所謂霊犀一点《れいさいいってん》相通づる間柄である。

近代の力士で双葉山ほど世にもてはやされた者はいない。それは勿論空前絶後ともいうべき常勝と、その悠々迫らぬ風格とによるものであるが、唯それだけでなく、段々人に知られる間に、彼のゆかしい心がけや、その真剣な工夫修業の凡ならぬものが、識者の眼にも映り、その勝れた精神的要素が暗黙の中に大衆にも通ずるものがあって、あの感動礼賛を呼起したものであると思う。魏の文恵君が料理人の包丁を自由自在に使う巧さに「技も蓋し此に至か」と感嘆した時、その料理人が刀をおいて「私の好む所は『道』であります」と説いた有名な文章がある（荘子養生子主）。双葉山の相撲を見ていると、確かに技より進んだものがあった。即ち道に入っていた。そして又関取は常に道を好んだ人である。ただ時運と道縁とに恵まれず、相許相磨くべき道交はいずれも四方に散在し、関取は当時独り苦業を続けて放浪したことは知己の善く知る所である。殊に形影相随って、至れり尽くせりの情誼の仲であった神戸の中谷清一君が病気になってしまったことは最も残念なことであった。その後も両者の交誼は知る人ぞ知る美談である。

近頃スポーツの流行と共に相撲も再び隆盛を極めている。然し大にしては世界の大国間の唯物的で功利主義を露骨に強行しているように、スポーツ界も多分に大衆を相手とする興業的、娯楽的風潮が強く、技より道に進むというようなこと、技術と勝敗とを競うよりも、もっとこれを内面化して、個性人格を練養し、精神性の裏付けによって技能勝敗を昇華させることを好む風潮が無くなっている。これでは真の名人と言われるような人材も出なくなり、大衆の感激も高まらず、悪くすれば弊害に堪えぬことにもなるであろう。私はレスリングに比べると、やはり相撲は芸術であると思う。その芸術、技術を更に「道」にまで高めてゆく所に民族の新たな勃興も窺い知られるのであって、何とかそうなってゆかないものかと悲願し

第35代横綱双葉山
「忍」自筆書幅
昭和15年頃

ている一人である。

以上、「木鶏」の逸話を先の文章を引用して改めて紙上に再録を試みたが、正に相撲道のお手本のような話であると思うと共に、今日の相撲の在り方にも大いに考えさせられること大である。先の引用文にも大いに相撲道の本質がうかがい知れるが、もう一つ、同じ『相撲求道録』にその序として載っている文章がある。前の引用文に名前の出てくる酒井忠正の書いた相撲道の心である。是非これも引用して再録する価値のあるものである。

心、技、体の一致ということは古来我が国の武道によく言われているが、相撲道もその極意はここになるとされている。体を作り技能を進め、気合いを練ることは日々の稽古精進で達成することも出来得るが、心を修めるということは一番困難な修業だと思う。

優れた技能を持ち、体位にも恵まれた力士でも、周囲の状況に心を乱されたり、大切な一番勝負に気後れがする場合は、往々土俵上で見受けることで、如何な場合にも淡々不動の心持ちで相手を迎える境地に達するのは容易のことではない。

双葉山は此の心境に達しようと必死の精進をした。力水を一度よりつけない、待ったはしない、相手の声で立つ。此等は他から強いられたものでもなければ、ルールに制せられたものでもない。全く、自分で作った律である。己れで己れをしばった掟であった。それをどこ迄も守りぬいて一度も破ることなく、初めこそは、こだわりも見えた動作もついには自然の姿となって、所謂「無意、無念、無凝滞」の境地に到達したのだった。

おそらく彼の土俵上の自律は、その日常座臥、求道行路の一方便にすぎなかったであろう。双葉山黄金時代、その絶頂の時に、人気というものの空虚さを悟ることの出来るような彼になっていた。六十九連勝、十二枚の掲額と、彼の偉業は歓呼と喝采によって世の称賛を博したが、それよりも彼が内面的自己完成に苦闘した真剣な態度こそ、もっと尊重されるべきであろうと思う。著者が綴る思い出の各章には、不言の中に尊い求道の教えこそが語られている。今日、立合が乱れ、型が崩れたことが云々される時、あの双葉山の右手を下ろし、即座に左をそえる鉄壁の仕切りがなつかしく想いだされる。

双葉山という大力士の実態が改めてその偉大さと共に知らされる思いがする。相撲道を語る時、双葉山を抜きでは語られぬゆえんである。

十、髷、それは神聖なるもの

私はこれまでに三十数人の力士志願の若者を角界に送り込んだ。ほとんどのケースが知人に頼まれて仲介したものである。どこからか私の相撲狂を聞いてそうなったようである。元来飯より好きな相撲のことである。興味と期待半分で当該の相撲部屋を紹介した。正直この素質では、と思われる者も何人かいた。一通り相撲の世界の厳しさは話したつもりであるが、当然思い止まることを期待してのことである。しかし、思い止まった者は一人もいなかった。とどのつまり全員が入門を果たした。けれども関取として成功した者は、その内の一人にすぎなかった。いもちろんまだ頑張っている者もおるが、大半は夢遠く、この世界を去って行った。

角界入りを切望する若者は意外と多いのである。決して世間で話している程、新弟子不足ではないというのが、私の経験である。ところが、入門の動機が甚だ甘いのが曲者なのだ。まわりの人達が「君なら横綱になれる」とか、昔と違いとんでもないいじめもなく親方はとても大事にしてくれるから何の心配もないんだよ、と甘言でもって送り出す。すっかり、その気になった現代子は、土俵のヒーローは俺だとばかり、いとも簡単に入ってくる。

一カ月も経たぬ内、大半の者が部屋を出ていく。現実を思い知ったからに他ならない。すこしばかり辛抱強い者は数場所は土俵に上がるが、やはりいつの間に番付から姿を消している。このように安易に角界入りをさせて果たして良いものだろうか。人一倍体の大きい若者が早々に世の中の厳しさを味あわされて、失意の内にその後の人生の荒波の中に放り出される。そこには挫折感しか残らない。折角角界の門を潜ったからには何か得るものがなければならない。

たとえ自分の考えが甘かったことに気付いても、なかなか昇進出来ず前途に失望しても、力士を体験した貴重な事がある筈である。この力士体験を充分その後の人生に役立たせてやるのが世の大人であり指導者の立場の人達であろう。

私は自分の介入した力士や何かの縁で知り合った力士達には、いつも口酸っぱくいう事がある。「君達は全員が成功する訳ではない。それは血を吐くような苦労がなければ報いられることではない。仮にそのような努力をしても必ずしもそんな保証はない」と。しかし望むことが叶わなくとも、この体験は貴重なものである事に誇りを持たなければいけない。今君達の頭の上に在る髷は神聖なものであることを決して忘れてはならない。君達は生き神様なのだ。その髷を付けている者だけが、神前への奉納という一般の人には決して出来ない神事を土俵の上でやれるのだ。そんな誇り高い君達は、間違っても人に後ろ指を差されるようなことをしてはいけない。普通の人の体験する事が出来ない事を君達は人前で堂々とやれるのである。

それが本当の力士というものなのだ。と、必ずこの事は全員に言って聞かせる。だから私は車を買い替える時は、いつも相撲部屋に行って知り合いの若い力士に清めの塩をまいてもらうのである。

相撲の指導者は髷のもつ神聖性を若い力士に説いて聞かせ、武運つたなく土俵を去って行く幾多の力士の後半の人生の誇りになれるような教育をして欲しいと願う。

角界に身を投じた者は全員が人間性が立派でなくては、入門した価値がない。昇進は単なる時の運、不運だけである。人間さえ研けば出世が叶わなくとも入門した甲斐があることを忘れてはなるまい。

十一、褌《まわし》の話

相撲を取る時になくてはならぬ物に褌がある。今では回《まわ》しと表記しているのが多いようである。さて、この回しであるが、相撲の歴史と共にいろいろと変化をして今日に至ったようだ。そもそも裸体に一本の丈夫な布を巻いただけで、その他の物は一切身につけてはならない競技だけに、この回しにまつわる話には限りない興味が山程ある。歴史毎に正確な振り返りも結構だが、ここでは、やや話はあちらこちらと飛んでしまうかも知れない事をお断りしておきたい。

老若男女を問わず土俵上の取り組みの最中に、もしあの腰に巻いている回しがすっぽりと抜け落ちたとしたら大笑いすること間違いないだろう。その時抜け落ちた力士が思わず前を両手で押さえて、その場にうずくまってしまったとしたら更にこの珍妙なる光景に抱腹絶倒することだろう。哀れ、この力士の運命は一体どうなると皆さんはお考えですか。何と非情にも、その力士は負けと判定されるのであります。信じがたい話だが、最近この珍事が実際に起こったのである。

まあ、このような話はこれくらいにして、大体回しという物は幾つかの用途に分けられるものである。テレビに映る力士の締めている物が一番我々には馴染みがあるかもしれない。資格者、いわゆる十両以上の関取と呼ばれる力士が本場所の取り組みの時に使用するのを本回しとか、場所回し、あるいは締め込みと言って、その素材は繻子いわゆる絹織物である。一般的には四折りにして手の平を伸ばしたくらいの長さの幅にして腰に四、五回巻き付ける。絹地であるから、やや伸びるので一巻き毎に付け人が

稽古場風景　国輝画　明治２年頃

ビンから水をふくんで回しの表面に霧を吹き掛ける。そうすると生地が締まり、しっかりと腰にフィットするようになる。

ところが、この回しを締めるにあたり力士個々に色々な思惑があるのである。それは勝負を自分有利に展開する為の各力士の作戦でもある。回しを取らせたくない押相撲の力士は一般的に強く固く締める傾向にある。一方四相撲の力士は、どちらかというと互いに回しを取り合う場合が多いので、相手に力をださせないために緩く締める人が多い。

ところがこの締め方で極端に緩く締める力士が時折いる。角界では、これをゆるふんと呼んで相手力士から嫌われる。当然であろう。理由は正々堂々と戦う姿勢に欠けるからである。こんな力士の回しを引き付けたところで効果が無い。伸び切った回しなど技の掛けようがないからである。このような不埒千万の力士のために希代の名力士の土俵生命が断たれたといってもよい取り組みがあった。あの横綱貴乃花の土俵生命に暗い影を落とした右膝亜脱臼の一件である。彼の怪我の原因は、相手力士大関武双山のゆるふんにあった。右上手を引いた貴乃花だったが、相手の回しが脇の下迄伸び切って勝負どころを逸し、相撲がもつれ、あの致命的大怪我となってしまった。

相撲道の本質をわきまえぬ力士のゆるふんは大きな恥と心得なければならない。自分優位に立とうとする立ち会いの駆け引きなども含めて、ゆるふんなど正々堂々を是とする相撲道に反する行為として、今後指導的立場の人達は厳格に対処しなければならないことである。

ゆるふんとは正反対に、回しを取らせたくない一心で霧を吹き掛けて固くする事など物足りないとばかり、回しにミシン目を縦横にジグザグに入れ、がちがちにした回しを腹に食い込むぐらい強く締めて、回しを取られないうちに正面から頭でぶちかまして押し出す相撲を得意とした弾丸巴潟《ともえがた》と異名をとった小兵力士も有名である。彼など控えにおる時土俵上の勝負が長引くと、徐々に自分の強く巻いた回しが腹に食い込んできて痛みを耐えるのに苦労したといわれている。

以上は回しの締め方やその実例の話であるが、関取衆が普段の稽古で使用している、いわゆる白回しと呼ばれる、力士なら誰でも一度は締めてみたいと考える関取のシンボルでもある回しがある。この白回しが稽古場に居ると不思議に土俵の雰囲気が全然違ってくるから、この白回しの存在は貫禄の象徴のようなものなのだろう。幕下力士が目出度く新十両に昇進して、この白回しで稽古場に姿を現すと、これが同一人物かと思われる程立派に見えるものである。

幕下以下の力士は黒か紺色に染めて使うのが原則である。いくら立派な体格の持ち主でも、この回し姿ではあまり貫禄と言おうか見栄えがしないから不思議である。この回しは、普通日光に当てたりして清潔さを保つようにしているが、特別のことが無い限り洗濯などしない。当然関取用の場所回しも同様である。

取り組みの回しの他に化粧回しという物がある。これはなかなか豪華な物で、かなりの値段である。後援会などから贈られるのが普通だが、その模様絵柄など正に絢爛たるもので、側で直に見ると圧倒される思いがする。これを締めて土俵入りをする関取の姿は、正に一服の絵画を観るようである。

場所回しは昔と違ってかなりカラフルな色が多くなっている事は、テレビで観戦されている人なら良くご存知だと思う。一応一定の規定があるのだが、余り守られていないのが現状である。私は、派手な色が必ずしも土俵の様式美に一致するとは思っていない。やはり古典的要素、すなわち伝統的色彩であるところの紺や紫系統の物を基調とした落ち着きのある場所回しが大相撲には相応しいと考えている。たかが回しの色ぐらいと安易に規定があるにも拘らず、好き勝手な色調を使用していては、やがては伝統性を失いかねない。

十二、一矢報いる

先日、カウンセリングを仕事にしている人と語り合う機会があった。彼は十年来の知己である。現在セラピストとして多くの悩める人達の相談にのって、多忙な日々を送っている人物である。若き頃、武道に志し、その道の専門家を目指したこともあった彼とは、いろいろな面で考えが共通する事が多々あり、また、話の中で教えられることも少なくない。

その日は相撲が話題に上った。お互い相撲の理解者として自負している。まず相撲の魅力とは何かということになり、それは、極限の勝負であろうということで認識を共にした。つまり、土俵という限定された中で回しを裸体に巻き、ただひたすら相手を土俵の外へ運び出すという単純極まる型の中に実に見応えのある攻防が内在して、その力強さは他に例を見ないということで考えが一致した。

勝負という点では実に味気ない結果も散見されるが、それは相撲の本質とは別のものであり、本来の相撲の持つ精神性は大変神々しいものがあり、自他共に妥協を許さないということである。そして絶対に相手に非礼なることを、してはならないという強い観念でもある。それは如何なることかというと相手が能力を充分発揮するチャンスを奪うなどは、最も相手を侮ることであり、また自らの品位をも汚すという考えにある。相手に如何に全力を出させるか、その次の攻めを極限まで如何に防ぐか、その攻防の極地が相撲をして最高の格闘技の美として昇華させるものであるという観方である。

そこで彼との話題の中で次の点に話が凝縮した。相撲の決まり手の中に「うっちゃり」という技がある。この手を用いることは相撲の精神から逸脱するのではないか、というのだ。なぜ「うっちゃり」をやると相撲精神を汚すことになるのかというと、相手が自分を土俵外へ持っていこうと懸命に寄っている時に「うっちゃり」などとは、とんでもない失礼極まる態度だというのである。

何故か。相手の寄りを全力で防ぐことなく安易にかわすなど、卑劣なる行為であるというのである。己れの踏み堪える力を上回る相手の寄りが強ければ潔く、それに屈するべきである。それを一か八かの「うっちゃり」をするなど非礼なことで、相手の力に屈する判断が出来ていながらの最後の抵抗、つまり、一矢報いるなど所詮、武道的思考の限界を示すことに他ならない。

一矢を報いるということは如何にも最後まで勝負を捨てないという点で一見立派に聞こえるが、所詮それは武道の発想であり、世の中の平和を維持し安定を考える為政者的見地から見れば、それは武道思想の限界といわねばならない。武で世の中が治まった歴史は古今事例が無い。武道家崩れの二人の酔漢の酒談義の一幕であった。

十三、黒白二道《こくびゃくにどう》に生きる

大相撲の厳しさを表現する時に用いられる言葉に、黒白二道というのがある。特にアナウンサーなどが実況中継の折り、その表現を使うことがよくある。すなわち大相撲の世界では黒か白かの、いずれかしか無い明確な勝負の結果が浮き彫りにされ、それのみで評価されるという事である。勝てば文句なく地位の保証がされ、負ければ間違いなく降格する、非情な番付というもの、この厳しい現実が相撲の世界なのである。黒白二道を賭けて激しい鍛錬に明け暮れ、本場所の土俵でその結果を問われるのであるから、言い訳や負け惜しみ等の一切のことは通用しない。勝ちを獲った者のみが脚光を浴びるのである。非情といえば、これくらい厳しい世界も他にあるまい。

番付一枚違えば家来も同然、一段違えば虫けら同然と言われる通り、全ては白星を重ねた者のみが優遇され、黒星続きの者は人間扱いすらされないという世界なのである。確かに厳しさの中に公明正大な評価が存在する大相撲の世界は、人生の縮図を見る思いがする反面、封建性を今に色濃く残す社会という反時代的な存在としても又、特異なものであろう。

しかし、このような現実の相撲界にあっても、必ずしも勝てば良い、目先の勝星さえ獲れたら良いという考え方が一般的とはいえないのである。その例として、三年先の稽古、という言葉が角界にはある。それは目先の勝利に拘らず、しっかりとした基本を身に付けろという事である。また目先の勝星にとらわれるな、自分の力を全て出し尽くすような相撲を取れ、という事も良く聞く。その場しのぎの相撲を取るな、将来に繋がる納得のいく相撲を取れ、という教えなのである。

このような一面を見ていると、我々一般社会でも大いに参考にする必要がある事に気が付く筈である。基本の重視、実力を付ける、いずれの世界でも同じ事がいえるであろう。私は黒白二道の厳しい世界、封建性の残る社会と書いたが、これ迄も幾度となく繰り返し述べてきた事であるが、大相撲は単なるスポーツすなわち勝負のみを重んじる競技ではけっしてない。本義本質において最も重視されるものは相撲は礼節を重んじる伝統国技という認識である。

しかし、何故に、黒白二道が常に表面に出るのだろうか。私はこう考える。勝負の厳しさを通して本来の在るべき姿をしっかり認識し、更に伝統を守るべく精進をする。このために黒白二道という厳しく、かつ非情な現実を体験するのである。したがって、大相撲の本質は勝ち負けを最優先しているわけでは決してないのである。

十四、国技相撲と相撲道

伝統の純粋な継承には、それについての見識の高さ、造詣の深さが求められると考えている。私は五十年余大相撲への愛着を抱き続けてきたつもりでいる。年々歳々、日常生活の一部として、土俵に直面してきたつもりではあるが、今更ながらに大相撲というものの奥行の深さを除々にではあるが知るにつけ、自分の浅学非才を改めて禁じえないと考えている昨今である。

私は往年の相撲評論、観戦記、故実等その時の大先達の語られた事を今も鮮明に記憶の底に残している。残念ながら昨今の大相撲評論家の論評や見識には、過去のそれらのものに匹敵するようなものに接したことがない。最近の大相撲への認識には大きな変化があることは承知しているが、問題と思われるのは、その変化が時代の移ろいに伴う当然の帰結によるものとは思えないことにある。つまり本来の相撲道がどこかへ置き忘れられ、当節人気の各種近代スポーツと完全に混同され、同一論調の中に埋没されてしまっていることである。

この事は相撲評論の堕落を意味しており、それに関わる人達の見識の欠如を露呈している。真の相撲愛好者にとって、この事は痛恨の極みであると言ってよい。出でよ真の見識高き相撲評論家よ、と声を大にして叫びたい思いである。

ここに往時の博識深く格調高い論評を再認識し、原点へ戻るべく思いを込め敢えて再録を試みるものである。ここでは、かつて相撲に対する造詣の深さでは第一人者と言われた彦山光三《ひこやまこうぞう》の名著『相撲道綜鑑』の中から、〈国技相撲と相撲道〉の部分を載せて見たいと思う。若干お断りしておくが、何分、戦前戦中に書かれたずいぶん前の文章であり、文字づかいや表現に当時の世相が映し出されている事は止むを得ない事かも知れないが、その述べられている造詣の深さには何の変わりもないということである。

わが国における相撲の原態は前叙のごときゲームやスポーツと同一ではない。その発生、成長、変転の過程をたどる時、極めて実際的、功利的であって、慰安や愉悦や休養などとはおよそ縁の遠い、殺伐、残忍凄愴なものでさえあった。

けれども今日では、運動競技以外の何物でもない。少なくとも体育科学における運動競技の一範疇《いちはんちゅう》として分類し研究するのが妥当であり、かつ最も進歩的であって、いわゆる武道と云えども現在の形態から観察すれば、その日本的特色の幾多誇るべきもののあることを前提とし、該範疇に包摂して考察するのが適正であると思うけれども、ここではその点に触れない。

今上天皇の未だ東宮におわしましたとき、故杉浦《すぎうら》重剛《じゅうごう》氏は命を拝して倫理を進講し奉った。その草案をまとめたものが先年に出版された。繙見《はんけん》すると第一学年の序説十二編の中に「相撲」がある。その要点を抜粋すれば左のごとくである。我国の遊戯にして外国に類例なきものは相撲をもって最も著しと為す。故に世人これを日本の国技と称す。撃剣、柔道のごときは、これを学ぶべきものの範囲やや狭くして国民中の一部分に限られるるも相撲に至っては全国都鄙《とひ》通《つう》じて行わざる所なくこれを以て体格力量を養成し練磨するの道となせり。序説十二編と云うのは十三種の神器に首《はじま》り第二日章旗第三国第四兵第五神社第六米第七刀第八時計第九水第十富士山第十一相撲第十二鏡をもって結ばれている。すべて日本国家にとり又日本国民にとって生活態度なり覚悟なりの上においても忘れてならない、欠くことの出来ない必須な具体的事象のみをあげて解説されているのである。

「相撲」編は史的展開の細部においては勿論、割愛された節があるようだ。けれども枯簡、素明なる行文の間、相撲における伝統の精神と相撲技の体育的真価を高唱せられ相撲本来の立場を道破して全く余蘊《ようん》がない。同『草案』には一般武道もしくは、その他のスポーツに類するものには、これ以外、別に章を設けて触れておられない。

杉浦氏は「相撲」をもって日本における武道、もしくはスポーツを代表するものと認められたのであって、この事実だけでも相撲が日本の国技であるとされる。総括的な理由は鮮瞭である。

しかし我々は、古来二様の通念があることを閑却してはならない。――相撲は、旧野蛮《ふる》、未開の遺伝である。あんな残忍なものも珍しい、下賎至極のものである。などと嘲べつするものがあるかと思えば一方には――いや相撲ほど新鮮で鋭烈で、しかも高尚で礼儀の正しいものはない。このように立派な力技はどこにもない。と賛美するむきもある。私をして批判せしめれば、これはどちらも嘘ではない。謬見《びゅうけん》ではない。けれども両者ともその対象である相撲そのものを正しく把握してないことは確かである。

柿を目してあんな渋いものはない、いや、あんな甘いものはないと、いくら議論した所で涯《はて》しはない。柿には甘柿もあれば渋柿もあることを鑑別するのが先決問題である。名は同じ相撲でもその実、挙揚すべきものもあり排撃しなければならないものもあるのだ。相撲はすでに述べたように一般に我国の国技と信じられているが国技とは言いえない「すまう」もあることを忘れてはならないのである。とはいえ相撲を国技となす一般的字義的解釈は、相撲は日本固有の体技であり胞族独特の力技である所の運動競技であるとの謂《いい》にほかならない。

だから相撲とは何故、国技であるかと問えば多くの人が相撲は神代に始まり古い歴史をけみし、長い伝統をもっており同胞の何人にもなじみが深く、解り易く親しみ易く行い易いが故に国技であるというに違いない。従来は何人も、これ以上に出ようとはせず更により深く研究しようなどとは考えなかった。この程度で充分であったのだろう。すべての人が満足しておった所をみると。

しかしながら、これだけでは、かの米が何故美味であるかの問いに対して、それは米が日本人の口に適ふからだと答えたと同一水準を彷徨するにすぎない。進んで我々は何故、米は日本人の口に適か——すなわち、相撲は、何故日本固有の特技であるかを究め、その歴史性、伝統性、普遍性、親愛性、実践性等がいかに根強いものであるかを明らかにしなければならない。

それが究明され確把されてこそ、はじめて国技相撲の真価が理解され国技相撲の功徳が見《けん》性《しょう》されるのである。私はこの現実的欲求にかられ、この予想的歓喜にうなされた。私はつかれたもののように、この新探求にあたるべく、固く決意し、踊躍《ようやく》して著手したのである。相撲は体育科学的分類法を準拠すれば力運動の全身力運動ならびに機敏運動に属し、これに巧緻運動、急速運動を加味した最も国粋的な運動競技の一種であるということに定義づけられる。

すでに相撲は国粋的である故に力運動とは称せられても決して単なる「力くらべ」ではない。またいたづらに勝敗を争うものでもない。勿論、相撲演練が競技の形式をとる試合である以上、勝敗は重大事である。これを無視しては試合の意義は喪失されてしまう。けれども相撲演練にあっては勝敗を争うというよりは如何なる心がまえをもち如何なる覚悟をもって試合に臨むかというところに重点がおかれるのだ。したがって勝敗を重要視する上に更に尊《そん》貴《き》せられなければならないものは相撲の精神的要素である。

相撲の精神的要素は必然的発展を経過してやがて形相化《ぎょうそうか》し、観念化し法則化して相撲総体を統制し支配するようになった。この統制力、支配力、すなわち相撲総体に関する指導原理を相撲道ととなえる。相撲道は一朝一夕に出来上がったものでなく、相撲における長い生成の歴史やその間に形成された煩雑な故事やその故実を尊重する伝統やないし実技における競則、普遍的な競技心理、競技者をめぐる観衆の情意等が錯綜し、混淆し相関するあいだに、おのずから醗酵し醸成されたものを人為をもって除除に整理し次第に統合した成果である。すべて「道」とはその各々の伝統を体系化したものであって、一口に説破すれば相撲道とは清く、明るく、直く、正しく、強きいわゆる日本精神の相撲的に体系化されたものであり相撲技はその具体的表現に他ならないのである。我々が相撲の歴史や故実や伝統を重んじる心的動向は相撲道尊重に帰一するのは必然であろう。相撲道を喪失した、もしくははじめから具有しない相撲、つまり単なる「力くらべ」のことを「土ずもう」と称する。正しい相撲を「正」とし角力を「非」とする根本制度その他については後章において細叙するから、ここでは委曲にはわたらないが、ともかく相撲道を欠如した「すまう」すなわち「角力」は我々国技とは称せられないことを銘憶してほしい。

前述、嘲蔑されるのは角力であって、賛美されるのは「相撲」であることを悟得すべきである。杉浦氏が挙揚した「相撲」が我々のいわゆる正しい相撲であることは断るまでもなかろう。

彦山光三《ひこやまこうぞう》の相撲道は今日読んでも大いに現状反省を求めさせられるが、先に書いたごとく当時の時代背景の理解も大切であろう。なお「角力」と「相撲」をこの頃は、いずれでも良いとの注釈が多いが、道の主旨からして決して混同は好ましくないと思われる。本来あるべき姿の相撲道とは、一例として記した往年の著名相撲評論家が述べている事に尽きるが、昨今の相撲に対する観方と認識には他の競技との混同や同一視する甚だしい誤解がある。我が民族が誇る固有文化すなわち伝統的様式美を今に伝える相撲というものを改めて見直すことに、関係者並びに相撲愛好者は意識を新たにする必要がある。

十五、「ブサー」と呼ばれた男たち

法治国家とは必ずしも近代社会、すなわち民主国家のことを指すとは限らない。封建体制にあった国々、とりわけ身近な明治以前の我が国においても、それは立派な法治国家であったことは他言を待たない。決して無秩序、無法な治安状態などではなかった。それは封建制度の伝統に培われた安定した国家基盤が敷かれていたのである。

話は一変するが、「決闘」という行為は古今を問わず国家、すなわち法規範によって認められていたものなのだろうか。当然、「決闘」については、すなわち「私闘を禁ずる」という近代法のみならず古い時代から、その行為については何らかの規制があったことは衆知の事実である。

しかし、事実としてそのような行為が繰り返された歴史は現実にある。当然、法違反であるから何らかの処罰を受けている訳である。

ここで「決闘」というものの本質を一考してみたい。

「決闘」とはすなわち私的な殺しあいである。では公的殺しあいなるものが存在したのだろうか。つまり、お上が認めた「決闘」という奇妙な裁定があったのかということだが、一部にはあったらしい。例えば、仇討ちなどがそうであろうが、それとて特別の裁量という判決であったと思われる。日常的に認めていた訳ではあるまい。それぐらい「決闘」、「私闘」などというものは、野蛮的行為として古今の体制側が公認しなかった違反行為であった。

もう一つ、「決闘」というものは相手の生命を奪うことを目的としているから当然、そこにはルールなどというものは存在しないはずであり、ましてや身の安全を保障するなど笑止千万のことであろう。

それでは如何なる手段を駆使してもよいのかというと、必ずしも許されることではなかった。つまり、闇討ちとかの卑怯な行為は極端に侮蔑されたし、やはり、そこには名誉、誇りというものが重視される風潮があった。

堂々と相手の命脈を断つ。それが黙認とも公認ともつかぬ世間の「決闘」への認識であった。それ故に、時として大向こうの喝采を浴びることにもなったのである。

決闘の理由にもいく通りかのパターンがあるようだ。技量において双方いずれかが優れているか、武道家の誇りにかけて試してみたいという一念から立ち合うケース。これとて私闘である以上、特別のルールなどあろうはずはない。あるのは、あくまで堂々と渡り合い己れの身につけた全ての力をぶっつけ相手を倒すという、その念いだけである。

時には、遺恨を晴らすのに立ち合うこともある。仇討ち、恋の恨み、その外、誇りのために立ち合うこともあったであろう。当然この場合も堂々と立ち合わねば、その意義は失われてしまうのである。

いずれにしても「決闘」というものには特別のルールなどない。武人としての誇り、人間としての尊厳を欠きさえしなければ、あとは全知全能を使い果たし、相手を倒すだけである。一瞬の油断が勝敗を決めるであろうし、僅かな気後れが生死を分けることにもなる。そして勝敗の決した後の相手に対する人間的扱いも勝者の義務であるし、それが又、その価値を高めることにもなる。

当節、実に珍奇と思われる興行がある。一部マスコミつまり芸能紙、お世辞にも一流スポーツ紙とは呼べない陳腐な芸能スポーツ紙が競って掲載している、異種格闘云々という類のものがそれである。かつてボクシングの世界ヘビー級王者とプロレスラーが大勢の観客を動員、茶番を演じた興行あたりから雨後の竹の子のように様々な聞いたこともないような、この種の団体が出現。読むどころか、チラッと垣間見るのも恥ずかしい内容の大袈裟な見出しが氾濫し、これらマスコミの記事が駅売場の店頭を賑わせている。

一方、日本の伝統に裏打ちされた大相撲、柔道のような立派な格闘技も根強い人気を得ているが、これらのものは生命の安全を第一に細心の注意の元、厳しいルールでその技を競って立派な文化としての素地を保っているのである。

これらの格調高い競技と比べ先刻の陳腐極まりない類のものと、一色単にするのも又、大衆というものの仕方のない一面かも知れない。

そんな珍奇な興行が横行する時代において、これは実に珍しいことだと思われる事実がある。実は、この決闘というものを徳と讃える尚武の気風を色濃く残している土地が我が国に存在することに、私は大きな驚きと好奇心に捉われたのである。

それは国内最南端の地、沖縄県である。かつて琉球と呼ばれた、この地は中国の影響を古くから受け、中世に入って国内の諸藩、とりわけ徳川や薩摩の注目を集めていく。

慶長年間、遂に中国との交易による莫大な利に着目した薩摩が武力行使を起こし、琉球王国を席巻した。以来、この地は幕末に至る長い間、薩摩の支配下におかれ、苦難の歴史を辿ったのである。

そんな時代のエピソードであるが、かのフランス皇帝ナポレオンが大いに驚いたことがある。「東洋の一遇に武器を持たない王国が存在する。そこは琉球という国である」

信じられない思いのナポレオンはさておいて、それは事実であった。

薩摩の支配以前から、この国は「守礼の邦」と呼ばれ礼節を重んじた。琉球王国は争いより平和を望み、中国の庇護のもと武装の無い国として栄えてきた。そんな土地を侵略するのは薩摩にとって赤子の手をひねるようなものであり、支配下に長く置いたのである。

琉球には元々中国の影響もあると言われている唐手（トゥティ）と呼ばれる武技があった。今日の空手ブームの元祖である。その武技は徒手空拳で相手と闘う素朴で武道的一面をもっていた。琉球独自の手（ティ）と呼ぶ格闘技もあったようだ。

武器を携帯しない人々が最小限度の護身の術として身につけた、それは元来、土の匂いのする原始的格闘技であっただろう。時代と共に武技として技術的工夫を加え流派と呼べるような確立された独特の武術が出現したのである。

徒手空拳とは言っても、身の回りの生活道具も時には武器として活用したと言われる。鎌やヘラ、天秤棒のようなものまで実戦的に工夫が加えられたのである。そして高度な武技として発達をみたのである。それらは土から生まれた庶民の原始的肉体の発露が高度に鍛錬され、刃物にも勝る空手という武技へと昇華していった。当然、今日のスポーツ化された空手とは発生、発達過程においては、かなりの相違があったと思われる。

例えば常に離れた状態で闘うのが空手と考えられがちだが、組み合う状況も想定した相撲に似た技も発達した。今に残る沖縄角力という競技もその名残りと思われる。

近世に入り、薩摩の支配も落ち着いてきた頃、空手は各流派が技量を競い武道としての確立をみたのである。伝説的空手家も綺羅、星の如く出現、土地の人々にとってそれはヒーロー的存在として身近に馴染むものとなる。

空手にまつわるエピソードも、今日のブームになっている空手とは違い、古典的元祖空手らしい話が多い。巻き藁と呼ばれる鍛錬用の椎の立ち板を後方ならぬ手前に突き倒す技とか、ローソクの炎を拳の風圧で消すスピードや、天井の桟に両の手だけで掴まる程の握力を誇った話、驚きは生きた牛の尻の肉を千切りとった鬼のような力等、地元の人たちの空手への愛着はこのような話を生み出す程、強いものがある。そんな風土を反映してか、この土地には空手の技量に抜きん出た人に対して、敬意を込めた、ある呼称がある。

一般に「ブシ」とか「ブサー」と呼ばれているのがそれである。字で表記すると武士、あるいは武者と書くようだが封建制度の階級である武士とは全く意味が異なる。そちらの方は、この土地ではサムレーと呼んでいる。やはり字で表すと武士であるから、いささか紛らわしい。

大衆の間でブサー（武士）と敬意の念をもって呼ばれた人は古今、数多いが、ごく近年までそのヒーローは身近に存在していた。

沖縄という土地では武術に優れた人を先刻のブザー（武士）と呼ぶが、それは必ずしも専門の空手家ばかりを対象にしていた訳ではない。どちらかといえば、空手一筋の専門家より総合的に強い人間、つまり格闘家として最も優れている人を、そう呼んでいる。

ここで敢えて断っておきたいが、今日、異種格闘技と銘打った珍奇極まる興行が盛んだと言ったが、ここ沖縄でも、異種格闘技に最も傑出した人間をブサー（武士）と呼んでいるので混同を避けたいのである。

この英雄は誰が判定したものでもなければ、大衆の前で闘った訳でもない。いつの頃かそう、呼ばれてきたにすぎない。では何故、彼らは、そう呼ばれる評価を得たのであろうか。それは、こういうことである。つまり決闘に明け暮れる日々を彼らは歩んだということである。

どこそこの誰が強いという風評を聞くと出掛けていって勝負を挑む。相手が応じれば時間、場所が決まる。勝負にルールは無い。相手を倒すだけである。殺す場合も当然ある。かたわにする、或いはなることもある。戦意を失ってギブアップで決着することもある。では、喧嘩とどこが違うかということだが、きちんと改めて立ち合うという大きな相違がある。時には立会人もある。当人同士の場合の方が圧倒的に多い。

いずれにしても、完全に決着が着くことは間違いない。

そんな実績の積み重ねが、いつの頃からか、誰いうこともなしに「彼は、ブサーだ」と敬われるのである。今日、よく耳にするストリートファイトとか珍奇なケンカとは根本的に違うのである。

私は、かつてブサーと呼ばれた人を何人か知っている。いずれも温厚な好々爺で通っているごく普通の市井の人たちである。かつて、一瞬の勝負にその命を賭けた面影は、どこにも無い。だからこそ、彼らはブサーと呼ばれ、敬われたに違いない。

敢えて相撲道の章に、この一篇を挿入したのは、その精神面の共通性を感じたからである。

土俵に熱き思いを

一、相撲の観方

尾崎士郎は「土俵と人生」でこう書いている。「私は相撲ファンであって相撲の批評家ではない。専門家には専門家としての眼識があり土俵を純粋に見ようとすれば日常座臥、土俵に当面しなければならぬ」。

私は大相撲を五十余年見続けてきた。それは日常座臥、土俵に当面する日々であったと言って過言ではない。

尾崎士郎のいうように、私も相撲の批評家ではない。当然、相撲の専門家でもない。しかし通常の相撲ファンともいささか違う。敢えていえば、かなり変則的なファンなのであろう。そんな

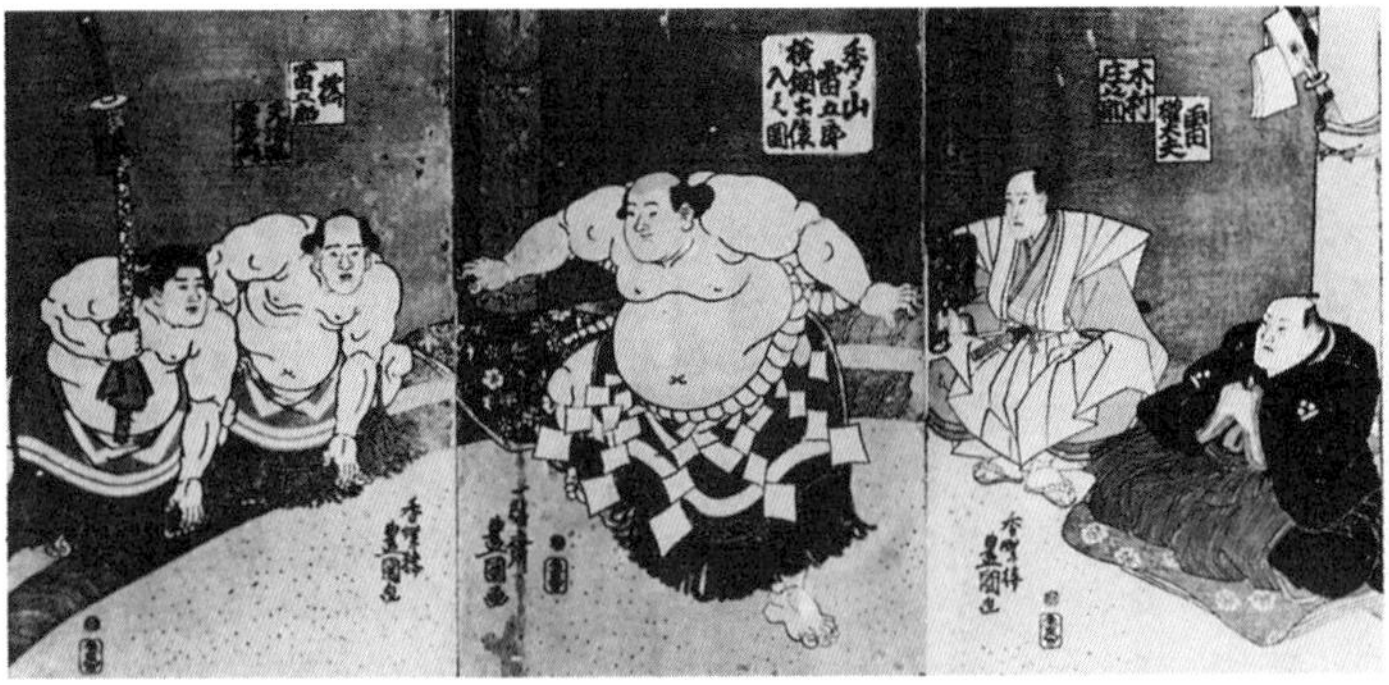

秀ノ山雷五郎横綱土俵入之図　三代豊図画　弘化４年

人間の大相撲の観方は一体どんなものか、機会があれば世間に問うて見たいという気持ちは以前から強く抱いていた。

私の相撲観は、大相撲というものの存在価値を古き封建性の名残を強く現代に存続させている稀なるものとして、そこに内在する様々な古典的要素を今日では少なくなった縦割り社会の中に織り込み、日常的な生活としている最後の大和島根の邦民の益荒男達の行きざまと考えている。いささか古くさい言い回しになったかも知れないが、結局、大相撲というものを勝負の行方のみで観るのは本来の相撲愛好者とはいえないと考えているのである。昨今の人達の中には、大相撲を西洋移入の近代スポーツと同様な観方をし、その結果、相撲に対する矛盾を指摘したり、又、マスコミの報道によって、やれ連続優勝回数とか通算出場回数、勝率というような記録の数字にこだわることが多い。そのような傾向はどこかおかしい。記録や数字はすなわち相撲ではない。そのようなものは相撲の抜け殻にすぎない。抽象的で観念的である。記録だの数字だのという抜け殻同然のものを重要視するようでは、真の相撲の理解者とはいえないと考えている。大相撲は土俵を中心に色々な要素に支えられ、独特の様式美を醸し出している。これらを総合的に観る事こそ大相撲観戦といえる。

二、相撲の完成度

墨田の川風は皐月の薫風にいつしか変わり力士の浴衣の胸元を爽やかに吹き抜ける。雪駄に身を乗せた足取りは髷のビン付け油の香とあいまって独特の風情を辺りに漂わせながら、どこか浮き立つような場所入り光景に力士幟が彩りを添え一年の内でも相撲情緒が最も情感を醸し出す場所でもある。

平成十三年夏場所が今日から幕を開けた。館内には早くから詰め掛けた観客が思い思いに相撲場の雰囲気に浸っている情景がそこかしこで見られるのも国技館ならではのことである。下位力士の取り組みは既に始まっていて若い行司の掛け声や呼び出しの卵達の声が流れてくるのも、この時間帯の館内のいつもの空気である。拍子木の音ばかりではない。流れ漂ってくるものには鼻をくすぐり食欲を誘う焼き鳥や五月場所特有の空豆の匂い等が入り混じって皐月の香となって国技館を包んでいる。いつもこの場所には格別爽やかさがある。今場所は魁皇の綱取りに注目が集まっている。懸念されている腰痛を、ものともせず豪快な相撲で幸先の良いスタートを切ったのは同慶の至りである。私は、注目された、この一番より結びと、その前の横綱二番の取り組みに密かな好奇心を抱いていた。

それは好取組みの相撲ぶりに起因している。貴乃花と対戦した琴光喜はアマ相撲の強豪として幾多のタイトルを引っ提げて鳴り物入りで角界入りした評判の高い逸材である。彼の相撲は既に完成されたものであり、ここ何場所かの結果が証明するように上位下位に対して安定した成績を示しているのをみてもわかる。

そんな注目株が初日に横綱貴乃花と当たった。私は同じ横綱でも相手が武蔵丸であったならこれ程の好奇心を抱かなかったであろう。なぜ貴乃花だから関心を持ったのかという事であるが、答えを先に言ってしまおう。つまり私はこの相撲は確実に横綱が勝つと確信し、自分の考えが万が一にも外れないはずであるという思いから特別注目していたのである。

相撲は琴光喜の立ち会いの変化で少々料理するのに手間取ったが、所詮、若干の時間を要したというだけで内容的には私が考えていた通り全く相手を問題にしなかった。立ち会い変化した相手を見て私は横綱の勝利を確信したのである。

そもそも琴光喜という力士は正攻法の地力のある相撲である。だからこれまでの横綱、大関との対戦でも互角に相撲が取れていた。それはアマ相撲独特の一番相撲という一発勝負に長年揉まれて育ち、その結果として群を抜いた実績を誇り、併せて相撲のキャリアから見て既に完成された力士なのである。

プロが弱くて琴光喜に苦杯を喫したと観る訳にはいかない。彼は既に大相撲の本場所での一番勝負には、ある程度の実績が残せる力を備えていた、と観るのが妥当なのである。しかし、それは本場所での相撲の話であって、稽古場におけるプロの地力と比べるとまだ一日の長が大相撲にはあると言わざるを得ない。

私は、かつて舞の海が意外な展開を見せて並み居る強豪を、あの体で破った相撲のことを考えてみた。世間では、小よく大を制した、と持てはやしたが、必ずしもそうとばかりはいえない。あれは対戦相手の大相撲力士が面食らったというのが最大の原因である。それ程、常識的に観ると最も勝手の違う相手であった訳である。あれだけの運動神経と撹乱戦法の前にはプロ力士もなすすべが無かった時期があった。

しかし、当時の若貴兄弟には彼は全く歯が立たなかった。この事は大変意味深いことと言わざるを得ない。若貴という相撲の申し子達は運動神経、体格、精神力どれを取っても舞の海に劣るものは何ひとつ無かった。さしもの舞の海の変化も全く通用せず、その歴然とした地力の差に苦汁を飲まされたのである。

つまり、格が違うという訳である。兄の若乃花は引退したが、弟の貴乃花は歴代の横綱の中でも傑出した実績を残している強豪力士である。いくら琴光喜が類い稀なるアマの強豪として大相撲に旋風を起こしているとはいえども大相撲の頂点に立ちA級の実績を誇る横綱との、その差ははっきりしている事は事実である。少なくとも現在の二人の対戦では心技体いずれも横綱の方が何枚も上であり、番狂わせの要素は極めて少ないと考えられる。

一方の横綱武蔵丸であるが、キャリアの浅い同じ外国出身の朝青龍にコロリと負けてしまった。番狂わせには違いないが、負ける要素はいくらでもあるところに、この横綱の貴乃花との相違がある。地力の比較ではない。相撲というものの完成度の問題に尽きるのである。相撲の完成度、これはなかなか至難の事である。聞き慣れた言葉でいえば、心技体が備わっている事であろう。具体的な例を取り上げてみると体の面で優れている力士のトップは武蔵丸であろう。まさに他の追随を許さぬ圧倒的体力である。強さという面からみても恐らく一番であろう。朝青龍あたりは技と体はまずまずとして心の面では序のロクラスといえよう。心の面で唯一その域に達しているのは貴乃花をおいて他にはいない。技という面で、ほぼ完成されていると考えられるのは栃東、琴光喜、琴龍あたりであろうか。強さという面では別の視点から観る必要があることは当然であろうが、貴乃花の偉大さは、この心技体が揃って完成度の高い希有なる力士であるということである。

恐らく武蔵丸は、引退するまで貴乃花の力士としてのレベルには到底及ばないだろう。相撲は一番勝負を原則としているが、仮に、それに勝利したからと言って決して力士としての完成度と混同してはならないのである。相撲の奥行の深さとは正にその事に尽きる。

三、往年の相撲評論家

世の中に物事の評論をする人は実に多彩だ。ところが時代が経つにつれ、その論評の質が、どの世界を見渡しても、以前に比べ段々と見劣りがしてきているように思えるのは私だけであろうか。私はこれまでの人生の中で最も長期間こだわってきたのは、と聞かれたら即座に「それは相撲です」と答えることにいささかの躊躇もない。その間には土俵の盛衰が色々あった。それらを取り巻くものが、今では幻影のような想いの中に埋没しているものも数多くある。

よく、「昔は良かった」と懐古する言葉を耳にすることがある。それは確かに「その通り」と思えるものも少なくない。例えば相撲解説者で今は亡き人達の事を思い浮かべてみると枚挙にいとまのない程、著名な相撲評論家がいた。その人達の論評を今日改めて読んでみても、唯々その造詣の深さに感心させられる。

たとえば、その中の一人に故彦山光三《ひこやまこうぞう》がいる。この人が論評した相撲で今でも印象に強く残っているのが幾つかある。その一つに横綱土俵入りの事がある。特に印象深いのは、土俵入りの最大の見せ場である、あの「せり上がり」に触れた一文である。

周知の如くあの型は相撲の攻防を端的に表現しているものである。左手を脇に添えて守りを表し右手を伸ばして攻めを表すことは衆目の知るところである

彦山光三は攻めを表す右手の平の事を特に大事だと説く。その手の平は満貫の巌をじわりと持ち上げる迫力で力を込めないといけない。そのためには当然手の平は上を向いていなければならず、昨今の横綱のように、勝ち名乗りを受ける時のような手の平を下に向けている動作など、全く土俵入りの所作の意味が解っていないと手厳しい。

また、二字口における柏手を打つ所作も格好が良いと考えているのか、大きく両の手を旋回するような柏手を打っているが、全くその意味を知っていないと厳しく指摘している。中央で四股を踏んで腰をぐっと落として、せり上がリに移る瞬間の腰の構え、これなど何とも情けないと言っている。へっぴり腰で見てはおられないと憤る。大鵬が槍玉にあがった事を知っている。

尾崎士郎の表現する横綱玉錦の土俵入り姿を引用してみよう。

私は横綱の土俵入りほど、この世の中に立派なものはないと思っているが昭和初年から二

十余年間、盛衰変転のあとを辿って目のあたり眺めてきた国技館の土俵を回想するとき、玉錦の土俵入りほど強い印象を残しているものはない。彼の土俵入りには不自然な仰々しさがなく、軽々と四股を踏み柏手を鳴らし、一挙手一動の中に、ぐいぐいと高まるようなリズムがあって身体の動かし方には今日の東富士を想わしめるものがあるが、ただ技巧的にすぐれているだけではなく、風貌容姿ことごとく自信に満ちていた。玉錦ほど豪快な相撲もなかったが、それだけに、これほど憎々しく見えた男もなかった。

そして、その土俵入りを火を、ふくんだように力んだ姿だと評した。

昨今の横綱土俵入りを観ていると、往年の相撲評論家の唱える、その本義本質が全くないといっても過言ではないと思われる。かつての本格的横綱土俵入りが影をひそめている現在は、相撲を知る者にとって実に味気なさすぎる。あの悠揚迫らざる大横綱双葉山の土俵入りのビデオも沢山出版されている。もっと関係者はそれらを参考に本来的なものに戻る必要がある。ただ現在のように先輩横綱の指導だけで型だけの土俵入りを行なうことは、純粋な伝統を保存するという面からも大いに問題がある。

いやしくも相撲評論家を任ずる人達は、もっと往年の先達の言い残した話に耳を傾け、あるべき姿に戻るべく説得力ある評論が望まれるのではないか。最近は相撲の本質に迫る評論を聞くことが、ほとんど無い。伝統の継承の上でも大きな課題といえる。

四、土俵を観る

相撲評論記事は多い。大概は当たるも八卦当たらぬも八卦的な結果を予想するものが大半だ。勝負予想は誰にでも出来る。けれども当たるか外れるかだけの、このような相撲観戦では単調で実につまらないものだ。では力士の調子やその場所での成績結果を言い当てればよいのかというと、それとて前者と大同小異であろう。

つまり相撲の評論とは、意外と奥行の深いかなりの高い見識を要するもので、書評、経済評論等のいろいろな専門家の論ずる評論並み、いやそれ以上に難しいものである。この相撲こそ人生の縮図と言われる。それは努力が評価されるとは限らないことや、結果が全てである点、まさに人間社会そのものと何ら変わらぬ世界ということであり、悲喜こもごもの中、毎場所幾多の力士が泡沫のようにこの世界から消えて行く。後世にその名を残した者もいるが、それは、ほんの一握りの者達にすぎない。大方の者は夢破れ虚しく土俵を去って行く。

それはまさに、はかなく、そして厳しさの漂う独特の世界といえる。では何故このような世界が、長い伝統の中に今日まで息づいているのだろう。それは、我々が願っても叶わない何かを相撲の世界に観る思いからである。そこには、短いが故に他に類を見ない美しさが存在する。皆さんはご存知だろうか。現役のお相撲さんと引退した人の、まさかこれが同一の人物かと思わず我が眼を疑う程の変わり様を。つまり彼等の華は、現役に尽きるのである。髷を結い日々鍛錬された卓抜した肉体、そしてそれらを鮮やかに演出する伝統様式美、そんな中に存在する力士の雰囲気は他には絶対に見られない魅力であり、この世の華である。言い換えれば、力士は、その地位いかんにかかわらず現役の間はそれぞれが皆、独特の美を誇示できるのである。しかし一度髷を落とせば只の人、単なる元力士である。

これら二つの世界に生きる現役と元とでは、雲泥の差のある世界である。それゆえに現役の力士は生き神様と思えるような神々しさを漂わせているように私は考える。力士の一挙手一動は神の行為と言ってよい。塩をまけば邪気が払われ、四股を踏めば悪霊が鎮められ、柏手を打てば万物の空気が清々と浄化される、そんな神の力も長くは続かない。力士の土俵生命は極端に短く、それゆえに、はかなさを常に伴う。

このような世界は他に見当たらない。相撲は単なるスポーツとも違い、また勝負のみの競技でもなく本義本質は神事行為なのである。この事を理解しない人が多すぎる。だから真の相撲評論が出来る人が少ないのである。土俵を観るには日常座臥、土俵に直面しなければならない。これは本職の相撲評論家であるか否かという問題ではない。いわば土俵を日常の生活の場とするのである。勝負の結果、星取りの変化、そのような土俵の単なる平面的な推移は物の数ではない。つまり人生の土俵に己れを定着させるということに他ならない。それが土俵を観る真の眼識だと考える。

五、素質

玉琢かざれば光なし、されど琢けども光らぬ石もある。それを駄石という。けれども光らぬはずの玉も、琢き方次第では光ることもある。いささか取り留めのないことを冒頭に書いてしまったが、大相撲の世界を眺め回して見て、この戯言が意外にも思い当るケースが多いのである。

私が五十余年にわたり見てきた力士の数は一体どのくらいになるのであろうか、と時折考える。懐かしい想いを残す力士や忘却の彼方へ去った名も無き力士達、それは泡沫のようでもあり、又、浮き世の厳しさを知らされて空しく去って行った者達である。それらの力士達の多くは、出世することなく土俵を去った相撲界の落ちこぼれである。

しかし私は、これらの力士達のことを人生の厳しさや懐かしさとして思い出すことはあっても、決して人生の落後者などとは微塵も思ってはいない。私の相撲観戦人生と共に私の心の隅に息づいて、我が人生の参考となる力士達である。

ある程度まで出世した力士つまり関取の座に付く幸運に恵まれた者も、彼らの全てが必ずしも素質に恵まれていたわけではない。当然関取になるくらいの者であるから、ある程度の素質は持ち合わせていたであろう。その他の条件といえば、せいぜい土俵運があったということぐらいだろう。それでは名もなく去った、関取への夢破れた者達は素質が無かったのか。否、決してそうではない。

将来を嘱望されていながら挫折した力士も多い。理由は様々であろう。本人の努力不足、思いもよらぬアクシデント（致命的な怪我など）が挙げられる。これらの力士のように折角の素質が開花せぬままに終わってしまった事を考えるとき、成功するには素質以外の要因も色々とあるということである。

つまり衆目の認める、その素質を琢いても遂に日の目をみることなく終わってしまったことなどが、その一例である。

また反面、この程度の体格では半年として耐えられないだろうと、専門的に見て評価が芳しくなく期待薄と見られていた者が意外と何年も辛抱して、とうとう関取の位置に到達した者もいる。

何故、琢いても光るはずの無かった者が、曲がりなりにも一応の成功者になれたのか。指導者の観る目がなかったのであろうか。そうではない。人間には傍目では解りづらい表面に出ない何かがあるようで、そのような内面性を見出してやれる指導者は稀である。とにもかくにも体格の人一倍優れた者を最優先し、貧弱に見える者には大した期待を掛けないのが浮き世の常であろう。琢けば光るはずだった玉が光を発せずに終わったり、琢いても無駄だと見られていた駄石が結構、日の目を見たりする例を、私は大相撲の世界にいくらも見てきた。

このような事は何を物語っているのか。私は人生における大変重要な教訓を含んでいるように思えてならない。改めて素質とは一体何か。そしてその有無、果たして間違いなく琢けば光る原石なのか、角界の親方こそ、人間全般その適性というものを見抜く眼識を琢く必要があるのではないだろうか。

六、「すり足」雑考

相撲における運足、すなわち足の運び方の事をいうのだが、これが一見何でもないように見え、それ程難しいものではないように一般には思えるのだろうが、実はこれが大変重要かつ高度な相撲技術なのである。

「地に足がついていない」という言葉を我々は日常耳にすることが多分にある。これすなわち気持ち、精神等が浮ついている、どこかに落ち着きを欠く。そのような状態の人に投げ掛ける例が多い。

この言葉は一般社会における話であるが、タイトルに掲げたすり足は、相撲に必然的に付きまとう用語である。

相撲という競技は限られた十五尺の丸い土俵の中において押し合い、投げ合い、捻り合い、多彩な技の応酬で目まぐるしく動きまくり勝負を決するものである。

足裏以外の体の部分が土俵に着いたら全て負けという規定、当然体が円の外に出ても負けと、非常に偶発的な要素の多い競技のように見受けられるが、それは決してそうではない。限られた円内での激しい動きの応酬だけに、常に体のバランスが一定の形において安定していなければならないのである。

そのために最も大切なのは、土俵に足がピッタリと着いている状態が必要である。それは腰の安定を図り動きの中で体勢が崩れないという状態を生み出す。

それがために欠かせないのがすり足と呼ばれる独特の運足方法なのである。この一見何でもないようなすり足を完全に身につけるには、かなりの時間と厳しい練磨が必要である。

このすり足が完全に出来上がった者のみが相撲の極意を会得出来ると言っても過言ではない。

ところで、すり足と呼ばれる運足方法は、他の競技や芸能においても重要視されているようだ。相撲同様、我が国独得の伝統文化である能においても、そのような共通点があるように思われる。能を観ていると、あの限られた、それ程広くもない舞台の上で演じられる舞は、実に静の中に激しい動が見られ常に運足に徹底した気配りがなされているように見える。

あのピタッと決まった見事な姿勢、つまり腰の下りた安定感を如実に感じさせる動作、これらは、全て、あのすり足を通して初めて発揮される。

武道と呼ばれる武技も我が国伝統の中に多い。柔道、剣道、空手、杖道その他の武技のすべてが、体勢の安定を常に図り自然体から自在に動きを繰り出すために、このすり足を基本の中で最も重要視しているのである。

七、廃めて強くなる相撲かな

私は、かつて力士になりたいと真剣に考えていた。否、今日でも許されるのなら、成りたいと真面目にそう思っている。唐突ながら、昨今の横綱、大関、上位陣の土俵を観ていると、私の眼にはその弱点がはっきりと見えるのである。だから、もし私がその欠点を突けば間違いなく彼等を倒せる。

ところがである。現在六十一歳の私は悲しいかな、足腰はおろか腕力その他の筋力の著しい衰えを思い知っている状態であるから、全くもって馬鹿な想像ではある。当然である。若いころ、並みの体力であれば、それはまさに化物である。

しかし、そのような分かり切った現実を私は時として、いとも簡単に忘れ去っているのだ。だから今でも現役の上位力士を倒せると真面目に考えてしまうのだが、このような錯覚は一体どこから来るものなのだろうか。

ところで青春時代の私は、そんなに強かったのだろうか。確かに柔道も相撲も一通りやってきた。決して弱くもなかった。けれども力士になって間違いなく成功する程の体でもなければ、相撲力があったわけでもなかった。冷静に考えても当時の私にだって、そんなことは解っていたのである。だから結局は角界入りを断念したのである。

ところが、私は歳月が重なり相撲観戦歴が長くなるにつれ、自分が知らぬ間に強くなっていると考えるようになったのである。この摩訶不思議さ、ミステリアスさは何だろう。実は話のからくりは、単純な事であることを私自身が既に熟知していることである。それが、この文章の表題にした言葉なのである。解説をしている元力士が核心を突く見事な技術分析の話をしているのを耳にする。しかし、その人の現役時代の相撲ぶりたるや、お世辞にも技能に関しては卓越していたなどとはいえた代物ではなかったのである。このような事例はいくらでもある。好角家なら誰でも知っている言葉。「廃めて覚える相撲かな」。これなのである。

当の本人が思わず苦笑する解説シーンでもある。確かに一度廃めて再び土俵に立つことが出来るなら、誰でも以前より強く巧くそして昇進するに違いない。ただし、そのためには絶対的な条件が一つだけある。再び登場した者が彼自身の全盛期の時と同じ体力を維持していることである。生身の人間にそのような事が出来るはずがないということぐらい当り前である。

そのような現実離れをした事を話題にするところに人間の儚さ、盛者必衰の空しさがあることを改めて認識することであり、それゆえに見果てぬ夢を私も今日まで追い続けているのである。それが空しい事とは知りつつも、そこが人生のロマンであり、又、滑稽さでもある。だから相撲というものは観ていて、つい力が入り自らもヒーローになれることだってあるのだから、誠にもってこたえられない魅力がある。

岡目八目という言葉も同様な意味合いを含んでいる。第三者の立場で物事を観た場合、その状況展開が冷静に判断出来るというのである。私もこれらのことについては、常にこれまで述べたような観点から人生諸事万端眺めたいものだと考えている。

八、陰陽五行思想と相撲

私はこの本の中で終始一貫して、大相撲は我国に古来から伝わる伝統固有文化である、したがってその本義本質から逸脱するような事は著しくその純粋性を害なうものであり、決して近代スポーツ的視点や勝負本位の観方で理解するものではない、と主張してきた。大相撲は長い歴史の中で、今日では稀なる古典的、封建的要素を残す独得の縦割り社会として、その伝統を保っている。

それらの中には広く一般に認識されているものもあれば、理解が不十分なものも多々あるように思われる。例えば塩をまくのは清めのためであり、土俵の四方の房の色は春夏秋冬を表していることなどは、ごく一般に知られていることであるが、今ひとつ、その奥行の面となると案外認識不足は否めない。

大相撲本来のあるべき姿、又それを国技として誇れる民族であるためにも、真の大相撲を理解し伝統を守るためにも、これらの事は忘れてはならない大事なことであると思う。相撲の起源や発生まで遡れば、かなり専門的な分野になるのであろうが、そこまで行かずとも、例えば普段何気なく使っている言葉などに起因するものが案外と多いのである。それらの意味をある程度理解すればおのずから大相撲への愛着も観方も、違った角度から見えてくるものである。

御浜離宮での土俵祭之図　豊宣画　明治17年

古い歴史をもつ大相撲は、第一の本義としては、まずそれは神事であるということ、その要素抜きでは大相撲というものはその存在が極めて無為なものとなる。大相撲は興行的要素もあるが、それは本来の目的とは違う（本場所や巡業というものは相撲そのものとは違う）。

大相撲が神事であるということは、土俵を中心に行なわれる色々な所作を観ると良く解る。本場所が行なわれる前日には必ず土俵祭りということが行なわれる。立行司が祭主となり神事を執り行う。あの土俵の仕切り線の真ん中に四角に穿った小さな穴の中に、鎮め物と呼ばれる米、塩、昆布、榧《かや》の実、勝栗等を埋める。それは場所の平安を祈る為のものと考えられている。五穀豊穣を祈願することはいうまでもない。

古代中国に起源する陰陽五行思想と言われる古い哲学がある。これは古代ギリシャの自然哲学とも対比される程高度な哲学と言われる。この五行思想は古いもののように思えるが、現在でも私達の暮らしの中に息づいており、改めて説明をされれば、成程と納得するくらい身近なものである。

五行思想は大相撲の世界に広く深く関わりをもってきた。この思想が我国に渡来したのは定かではないが、恐らく文字が日本へ伝わった時期と同時ではないかと推測される。それ程日本人との関わりは古いものがあり、当時の日本人にとっては五行思想は最も新鮮なものであったであろう。陰陽五行思想は、相撲は当然のこと我々日本人の生活に深く根ざしている。

明治維新によって導入された西洋天文学によって、陰陽五行思想は迷信に近いものとして排斥されたこともあるが、しかしそれ以降も今日に至るまで、その伝統は根強く生きている。さて大相撲になぜこの陰陽五行思想が深い関わりをもつようになったのか、現在に至る具体的な、この思想の影響を考察してみるのも、大相撲を深く楽しむためには無意味ではないと考える。

具体的例であるが、先に述べた土俵祭りの際の祝詞の口上を紙面で紹介してみよう。

――天、地、開け、始まりてより陰陽に分かり、清く、明らかなるものは、陽にして上にあり、これを勝と名づく、重くにごれるものは、陰にして下にあり、これを負けと名づく、勝、負の道理は天地自然の理にして、これなすものは人なり、清く潔よきところに清浄の土を盛り俵をもって形となすは五穀成就の祭りごとなり、ひとつの兆しありて形となり、形なりて前後左右を東西南北、これを方という。その中にて勝負を決する家なれば、今初めて方屋と云い名づくなり――

この土俵祭りの祭司である立行司が言上する祝詞の中にも、五行思想が色濃く残っているのがわかる。土俵の四方の房の意味も、もう少し詳しく述べると、四季の色の意味くらいは馴染みがあるが、四季にはそれぞれの神様がいてそれらも併せて表現している。四隅の春夏秋冬を変化させる土の汚れが競技中、力士たちが怪我をしないように東は春で青房、青竜神、南は夏で赤房、朱雀神、西は秋、白房、白虎、北は冬で黒房、玄武神をそれぞれ祭っているのである。

更に土俵そのものの縁起を見てみると、相撲は元々、左右の力士が二人で争うものであるその土俵は八卦の方則をふまえて作られているという。すなわち、中の土俵の円は天を表し、外の土俵の四角は地を表現している。ここで東西の力士が取り組むことにより天地人が形成される。

北を正面とするのは「天子南面す」の故事に従ったもので、ここからは正面から見て左が東、右が西と定まってくる。この場合の北というのは実際の方角にはこだわらない。このように五行思想は色々と形を変え、我々の日常の暮らしの中に随所に息づいているのである。

大相撲はその歴史の古さが如実にこのような事例でも解る。私達は大相撲を観る時に表面的なものを観がちだが（特に勝負本位）その奥行の深さに気が付いた時、初めて我国固有の伝統的文化大相撲の神髄に触れることが出来るのである。

九、土俵の円

ある時、知人の杖術研究家と武道談義をしていた時の話である。私が相撲狂であることを承知の上での彼の質問であった。内容は土俵が円いのは何故なのかという問いである。相手が武術研究家だけに武道的論理でもって説明をしなければ恐らく納得はしてくれないだろうと考えたら、途端に返事に窮して仕舞った。

それでも間髪を入れず明解な答えを出さねばならない相撲狂を任ずる小生。ところで彼は土俵の円に何を感じたのか。とまず考えてみた。杖術の研究家が円という問題を突き付けてきたのである。はて、と思案してみた。例えば土俵の俵に足が掛かって寄り詰められても、土俵の円さを活用すれば相手の攻めを防ぐことが出来る。そのためには右でも左でもいずれの方向であっても、俵づたいに回り込めば永遠に土俵を割る事なく相手の攻めを防ぐことが可能である。（少々理屈めく気がしないでもないが）けれども、それは余りにも単調な論理、理屈のように思えた。

古来、相撲は必ずしも円い土俵で取り組んでいたわけではない。円のような限定された場所の無かった時代や特殊なものには四角い土俵すらあった歴史もあり、土俵は絶対に円くなくては駄目だという観念は古来からあったわけではない。

そうすると現在の円い土俵になったのにはそれなりの理由があるはずだ。その円い土俵が時代によって、その直径が変化してきた事実は相撲ファンなら周知のことである。そして単に一重の円ではなく二重の円の土俵もあった。

円いはずの土俵も単なる丸ではなく、東西南北の四ヶ所に徳俵と呼ぶ少し土俵外へずれて埋まっている俵がある。ところで土俵の俵の上のことを、剣が峰という呼び方をする。ここに足が掛かり追い詰められた絶体絶命の状況のことをいう。死地に活路を見出す武道精神的な境地のことである。

その四ヶ所の徳俵では、絶体絶命の死地から僅かではあるが活路を見出すチャンスがある。その名前の由来も、そこら辺りから来ている。絶体絶命と言われる状況の中にも活路はある。そこに土俵の円さの意味が隠されているのである。

そのような意味合いの事を、あれこれ彼に話したが、どこまで納得してくれたかは不明であったが、最後に彼が面白い事を言った。「杖術の杖はなぜ丸いのか、ご存知ですか」。当然、私にそんなことが解る訳もない。そこで彼曰く、「丸いというのはどの部分で打撃しても、その衝撃効果は同じなのです」。例えば角棒で打ち掛かっても、平らの面で打っては最も効果的な衝撃を相手に与えることは出来ない。角の部分でならそれ以上の効果があるが、常にその部分が当たるとは限らない。その点、丸い棒ならば、どの部分で打っても同様の効果がある、と。

丸い利点とは、それが重要なことなのです、と彼は説明してくれた。丸い棒を使用する杖術というものを考察した人は実に合理的精神の持ち主だと思うと彼は話した。なぜ彼は杖の丸いのと土俵の円いことを比較したのか。彼なりの武道観で合理性を納得したかったのだろう。

我々相撲愛好家なら土俵が円いのは当然という認識でおるだろうし、格別疑問は抱かない。ただ円ければ相手の攻めを無限に防げるという理屈なら当たり前のように認識はしておるが、彼のような質問を改めて受けると、土俵の円ということはもっと奥行の深いものであると考えなければならない。

十、意地の土俵

隅田の川風にのって響いてくる軽やかな櫓太鼓の調子に矢も楯もたまらず、今場所も国技館通いとなる。今年最初の本場所とあって館内のそこかしこには正月気分が充満しており、何となく華やいだ空気であるのも初場所らしい風情である。

顔見知りの親方衆や、力士通用門脇の詰め所に陣取る馴染みの世話人達と新年の挨拶を交した後、早速、取り組みを観る。丁度、序二段の半ばあたりである。いつ観ても、明日の関取を目指す若者達の一番一番には必死なものが伝わってくる。

ガランとした館内に、若い行司の元気のよい声が辺りの空気を破るかのように響いてくる。ビン付け油の匂いや雪駄の音の入り交じる相撲場独特の空気は、やはりいつ味わってもいいものである。

さて肝腎の上位陣の土俵であるが、前半戦早々、横綱大関の休場が相次ぎ、興味を著しく欠く場所となりつつあった。それは中盤を過ぎてからも同様の展開であり、半ば好角家の連中からも見離されたかのように思えた。

それが終盤大詰へきて久方ぶりに大相撲の醍醐味が醸し出されてきたから大相撲の底力というものの重みは侮りがたい。

このところ不振が目立っていた大関貴ノ浪が、その大器と言われた本領を発揮しつつある平成八年の場所、十四日目まで一敗を堅持、一方本命視されていた横綱貴乃花が予想どおり安定した相撲ぶりで、対抗馬の不振も手伝って十三日目まで土着かず、迎えた十四日目、その力量は誰もが認めるも全勝の横綱を倒す場面は大方の人が予想しなかった関脇魁皇が、充実した立ち会いから渾身の右上手投げに貴乃花を屠った瞬間から、今場所のドラマが始まった。

この一番、私は両者の仕切りの様子から特別微妙なものは感じられなかった。それは、順当なら勝負の行方は横綱だろうと至極妥当な観方をしていたからだ。ところが立ち会いの展開で瞬間、関脇の勝利を直感したのである。それは立ち会いの当たりから強烈な右おっつけの流れるような取り口に横綱危うし、と観たからだ。

案の定、勢いは関脇のものだった。先に上手を引いた関脇は、途中一瞬上手を切られたものの、すぐさま取り直した後の攻めは、相手を圧倒するに充分な強烈極まる右上手からの投げであった。横綱を向こう正面に投げ飛ばした関脇の思い切りのよい相撲が際立った一番であった。

かくして、翌千秋楽は連続優勝決定戦実現の興味がにわかに脚光を浴びる展開となった。結び前の一番にこの期待の実現のすべてがかかった。それは大関貴ノ浪が難敵魁皇を破れば、九分九厘決定戦が現実味を帯びるという状態である。

結びの貴乃花が武蔵丸に敗れる可能性は、あらゆる条件から考えても極めて少ないと予想された。結果は両者一敗のまま勝ち残った。貴乃花の勝ちは順当として貴ノ浪の勝敗には予測の難しい一面をもっていた。

それは最近四連敗を喫している相手魁皇の、前日の相撲の目を見張る強さにあった。しかし私は貴ノ浪の方に僅かではあるが分があると観た。理屈ではない。長年の相撲の観戦による閃きのようなものである。

思ったとおり立ち会い攻め勝った大関が、剛力を誇る相手に諸差しを許したものの委細構わず両方から抱え込んで土俵外へ運び去った力強さは、スケールの大きさを改めて見せ付けるものがあった。

かくして同部屋決定戦となった訳であるが、先場所のケースとは状況が違う。この対戦は、同部屋とはいえ通常の取り組みにおける対抗意識以上のものが考えられるからである。特に貴ノ浪の方はその意識に格別なものがある。初優勝が懸かる千載一遇のチャンスとあらば当然である。角界のシンボルとなった貴乃花への心中密かな敵愾心ともいえる対抗意識、これらの要素からみて気力、執念では当然貴ノ浪が上回るとみられた。更に両者の相撲の質からして、私は貴ノ浪の方に分があると観た。それは、一度も本場所で顔を合わすことのない大関の相撲の質が、横綱には相当に扱いにくいだろうと観たのである。

過去にも、もし両雄相戦かわば、という対戦不可能な強豪同士の夢の取り組みがあったが、それは夢想に終始していることであり、単なる願望であった。

この大関横綱の真剣勝負もこれと似た巡り合わせであったが、皮肉にも対戦が実現したのである。えてして、こういう場面は時の主役よりも、それになり損ねた方が実力は上であるケースが多い。

また、そうであって欲しいと願うのが私の感情であり大方の気持ちでもあった。

決定戦の展開は衆目にはどのように映ったのかは別として、相撲の地力は必ずしも横綱の方が上ではなかった、という事は結果が証明した。

河津掛けという珍しい技で制したこともあるけれど、散々横綱に攻めさせておいて珍手で切って落とした脇役の地力には、私は人生の何か意地を見た思いがした。

十一、場所相撲

普段の稽古場土俵ではさほど強みを発揮しない力士であるが、本場所の土俵となると一変して好成績を挙げることが、しばしばある。このような力士のことを場所相撲と呼んでいる。とどのつまり、一発勝負である本場所においては、地力がある者、番付上位の者がその額面通り勝利を収めるとは限らないのが相撲というもののおもしろさである。

当然、他の競技においても波乱が勝負には付き物ではあるが、相撲ほどメンタルなものではない。

では何故、相撲ばかりがこのような要素が多いのだろう。それは多分、番付と呼ばれる地位を明確にする制度に起因すると思われる。横綱と言われる地位を最高位として順次、序列が敷かれているのである。

相撲という競技は個人競技で、わけても一対一の勝負なので、お互い自分の置かれている地位というものを意識せずにはおられないものである。

上位の者は下位が相手だと「負けられない」と意識する影響が微妙に勝負に影を落とす。下位の者は「負けて元々」という気安さから思い切り当たれる気楽さがある。

このメンタル性こそ相撲の勝負に大きな意味を持つといえる。

競技そのものは円い土俵の内か外かの攻防、足裏以外の体の一部でも着地すれば勝敗が決してしまう等、偶発的要素の多いものである。それゆえに本場所の相撲においては、上位の者と下位の者との間には勝負の意外性が多々あり、明暗を分けることになる世界なのである。

最高位には決して運や偶然だけでは昇進出来ないことは分かり切ったことであるが、それ以外の、つまり大関以下の地位には実力のある者が必ずしも上がるとは限らない。かなり運と言おうか、ツキと呼ばれるものが相当影響している。

ある程度の実力は当然必要条件であるが、地力以外の要素がかなりの面を占めていることが多い。

それでは、どのような要素が最も多く見られるかというと、まず第一にはケガであろう。ケガをしないということは絶対的な出世の条件と言ってよい。次にメンタル性、つまり精神的に安定感のある者がやはり好結果を残すことは、過去の事例が示す通りである。

百人に一人と言われる横綱を張ることは例外としても、この世界で一応、一人前といわれる関取、つまり十両以上に昇進するには、実力の裏付けは当然大事なことだが、それ以上にケガ並びにメンタルな面が不可欠な条件といえる。つまり、本場所相撲に強いということがそのことである。

さて、我々一般社会のことを考えてみたい。例えば身近なものでは会社という組織がある。そこでの出世を考えてみても、実力がありながら意外に昇進しない人を結構見かける。反面、あの程度の人が、なぜと思われる人が出世している。これも相撲とは内容に相違はあっても、本場所相撲に強いか弱いかということと酷似しているように思われる。会社でも出世する第一条件は決して実力ではないのである。別の要素が反映されていることは当然だろう。考えて見ると、どんな世界であっても本場所相撲に強いか弱いかで人生の明暗を分けている例が沢山有る。

それゆえ、真の実力者——稽古場であれ本場所であれ、いずれにおいても強い本物の横綱が浮き世のどんな世界にも存在するようなら、私は、その土俵入りに大きな拍手を送りたいと思う。

「よおーっ、大統領」と。

（平成十三年九月二十一日）

おわりに

前略

「武蔵野」の名残や「江戸」の風趣を追い求めて徘徊した春夏秋冬の幾度も巡ってきた過ぎ去りし日々。「隅田川」の川面を渡る櫓太鼓の響きに誘われて毎場所のように国技館の木戸を潜りつつけた小生。気が付いてみれば……、昨年半ばには本卦還りの歳を迎えておりました。――思い起せば相撲に狂って五十余年、「江戸」や「武蔵野」に魅せられてからも早や、かなりの年月が流れておりました。その間これらの好事に時間の全てを費やした訳ではなく、小生も人並みに妻子を扶養すべく不本意ながら企業組織なるものに自分を委ねてまいりました。妙な例えながら、労力は売っても自分の信念までは売った覚えの無かった三十余年の拘束。それを余儀なくされた小生も、弥生は三月の晦日をもって晴れて天下自由の身になりました。幸か不幸か小生には好事が多くこれまで以上に時間の全てをこれらのものに投じたいと考えております。心ならずも人生一度の貴重な時間を生活のために割かねばならなかった無念を忘却し、限りある人生を心の底から楽しみたいと思っています。

まずは、諸賢、諸兄の皆様に小生の近況のご報告まで

平成十五年四月

赤嶺　逸男拝

右の文章は、一昨年三月末、定年退職しました私の挨拶状の写しです。私を知って下さる方々で、小生の相撲狂いを知らない方は恐らくいらっしゃらないと考えております。

長い相撲との関わりの中で、私は土俵の興亡と人生の流転が、あまりにも類似する事ことに、ある種の感興を抱き続けて参りました。本卦還りを超した現在、我が人生を振り返ってみる手立てはないものか、日々考えておりましたところ、何か文章にして己れの考えを世に問うてみるのも一興ではないかと友人に言われ、それなら相撲しか自分には無いと考えたのであります。

さりとて本の刊行などこれまで経験などありませんでしたので、何方かご指導頂ける方がいらっしゃればと考えていたところへ、郷土の大先輩で日頃から何かとご教示下さっている文学博士の喜舎場一隆先生に、ご相談出来る機会を得たのでありました。

細かい、全く気が付かぬ事に至るまで先生にはご指導頂き、大変感謝しております。

とりとめの無い内容かも知れませんが、私の一生の好事である相撲への愛着がこのような形になって仕舞ったことを、どうかご寛容願いたいと存じます。

人様にご理解頂ける代物とは微塵も考えてはおりませんが、只、本卦還り越えた一凡人の人生

の半航跡を何となく文字の形にしてみたいとの思いから執筆してみた次第であります。

皆様のご笑止を承知の上で。

末筆ながら拙著刊行にご理解とお力添えを頂きました国書刊行会佐藤社長、ならびに細部にわたってお手数をおかけした編集部担当者の方々に衷心からお礼を申し上げます。

物心ついた頃から、父はスポーツ観戦なら必ず私を連れていってくれた。巡業を初めて観に行ったことが、つい昨日のような気がする。

父、一男に、風樹の嘆を込めて、この著書を捧げたい。

◎参考図版資料

大江戸大東京資料目録　浅草御蔵前書房

古今大相撲力士事典　景山忠弘／小池謙一編　国書刊行会

相撲用語小事典

あいくち（相口、合口）
実力は別にして、この相手にはどうしても勝ちにくい、といった関係を、「相口が悪い」という。この逆が「相口がいい」。

あいよつ（相四つ）
たがいに得意とする差し手（右なら右、左なら左）を相手の腕の下に差し合った場合。得意が右と左が違うときは「けんか四つ」という。右なら右四つ、左なら左四つ。

いきたい（生き体）
かなりのピンチであっても、逆転能力が残っているとみられる〝体〟。土俵際での寄り倒しか、打っ棄りが決まったか、などでこの〝生き体〟が問題になる。つまり、どちらが先に相撲を取れる体勢を失ったかを判断するもので、これは主に足をみる。その足の位置と形が重要なポイントなのである。↕死に体

うわて（上手）
ワキの下に腕を差し込まれた状態から自分の腕が外側から相手の回しをとった型。

おおいちょう（大銀杏）
十両以上の関取り衆が取組、土俵入りなど公式の場で結う。刷毛先がいちょう葉のようなマゲ。幕下以下でも十両との取組、初っ切り、甚句、弓取り、断髪式などではこの大銀杏を結って土俵に登場する。

おっつける
相手に差されたり、突っ張られたとき、これを封じるために自分のワキを固くして外側から、相手の腕

を下から上へ、腰を入れてしぼり上げるように押しつけること。方法は多種であるが、要するに差さないようにすること。相手の力を殺し、防ぎから攻勢へ移る非常に大事な技術である。

かきて・はきて（掻き手・掃き手）

たがいに突きあって、いなしたり叩いたりしているうちに、はずみで土俵の砂を手の先で、掻いたり、掃いたりすることである。掻けば「掻き手」、掃けば「掃き手」といって、どちらも手がついたことになり、負けになる。むかしは「掃き手」は攻めの陽性の手であるとして負けにはならず、爪取りなどというワザも多用されたが、現在はどちらも負けである。

かばいて（庇い手）

相手と重ね餅になって倒れた場合、相手の体（下）が地面に落ちるより先に、こちらの体（上）の方の手が、先に土俵についたときは、これを「かばい手」といって負けにならない。これは相手がすでに、相撲を取れる体勢を失っている。「死に体」であるから、「生き体」の上のものが先に手をついても勝ちになる。下の者の体をかばって、衝撃を柔げるための動作であるからだ。しかし、重なりあって倒れるのが、途中回転して横に（同体）落ちたときは、倒した方の者の手でも、ヒザでも、下の者より先に地につけば、「突き手」となって、逆に負けになる。

き（柝）

呼び出しが力士に出番を知らせるために打つ拍子木のこと。桜の木からできている。一番、二番、三番の三種類があり、テンポが少しずつ早くなっている。その意味は次のとおり。一番柝＝そろそろ始まりますよ。二番柝＝準備を始めてください。三番柝＝土俵へ入ってください。

けいこまわし（稽古廻し）

雲斉木綿か帆木綿でできているけいこ用の廻し。関取り衆は白い廻しを用いる。幕下以下は紺か黒系統の色のついたものを用い、本場所でも同じものを使用する。

けんがみね（剣ガ峰）

主として富士山山頂の火口周縁をいうのであるが、相撲では土俵の俵の山（頂点）のことをいい、土俵の外を奈落に見立て、ここに足がかかると、もうあとがない。足を踏み出す勝敗の分かれ目、助かるか助からないかの瀬戸ぎわという意味で剣ガ峰という。

さしちがい（差し違い）

行司が勝ち力士でなく負け力士に軍配を上げること。つまり行司の勝負判定の間違い。

さんばんげいこ（三番稽古）

実力のほとんど同じぐらいの力士同士が、二人で何番も続けて申し合いのけいこをすること。三番とはいうが、これは数多いという意味。

さんやく（三役）

大関、関脇、小結のことが本来だが、最近では、関脇、小結力士のことをさす使い方が多い。なお、横綱はその昔、現在と違い地位でなく大関のなかにおいて抜群の力士に対する名誉称号であったために四役とはいわなかった。

しお（塩）

これは清めの塩であるが別に名前はない。競技場を清める意味でまかれるのと、すりキズをしたときに塩で消毒し、膿まないという点もある。

しきり（仕切り）

力士が土俵へ上がって、双方相対し、両手を地におろして立ち合いの身構えをし、にらみ合いながら呼吸をあわせること。仕切りの型は、力士の体格や、相撲の取り方によって違い、低いのは「平ぐも仕切り」、腰を上げる「腰高仕切り」、腰だけ低い「こま犬仕切り」などがある。

しきりせん（仕切り線）

土俵中央に二本引いてある白線。仕切りのときこの線より前に手を出してはならない。幅六センチ、長さ八〇センチ。二本の間隔は七〇センチ。

しこ（四股）

両足を左右に開き、足を交互に高く上げ、地を踏む動作。両手は軽く足に添えられている。相撲においても足腰をきたえる目的を持ったもっとも重要な動作。別名は力足。化粧四股は効果がない。

しこな（四股名）

力士の呼び名をいう。しこの意味は醜（しこ）つまり自分を卑下していう意味のほか、古代には、同時に強い意味がふくまれていた。当て字である。

したくべや（仕度部屋・支度部屋）

力士が場所入りして出場する仕度をする控え室のこと。本場所では東西に分かれて設けられている。力士は、ここに開荷を置き、出番を待つ。化粧廻しや締め込みをつけるところであり、ウォーミングアップの場でもある。

しにたい（死に体）

すでに、相撲をつづけて取れる状態でなくなったときの体勢を「死に体」という。↕生き体

しめこみ（締め込み）

広義には回しの総称だが、ふつうは関取り衆用の取

り回しのこと。

じゅんぎょう（巡業）
本場所でない地方興行のこと。全関取り衆が参加する大合併や二、三の組合が合同して行なうもの、組合単位、ごく小人数で行なう小相撲などがある。現在はほとんど大合併。その多くは一日興行だが、二日、三日、五日間興行などもある。巡業は別名けいこ場所ともいう。対外的には顔見せと、相撲の普及のため、力士にとっては練成のための場所である。午前中けいこし、そのあと取組をやる。

しんでし（新弟子）
新弟子には親方が巡業のとき、地方で相撲取りになれるだろうというので連れてくるものと、本人の希望で入るものと後援会のすいせんで入るものなどがある。場所前の検査を経て初めて新弟子となる。

しんぱんいいん（審判委員）
行司の判定に疑問があったとき、土俵の下から物言いをつけ、勝負判定の正確を期する役目の年寄。二十人が定数。弟子を養成していない年寄の中から、理事会の選考を経て、理事長が任命する。任期は一年で、改選は毎年初場所後。以前の「勝負検査役」。部長、副部長は理事、監事がつとめている。

すなかぶり（砂かぶり）
土俵近くの溜席をいうときに土俵の砂をかぶることもあるのでこの名が生まれた。この席は常連や相撲通が多い。

すもうきょうかい（相撲協会）
正式には「財団法人　日本相撲協会」。大正十四年十二月に「財団法人　大日本相撲協会」として文部省の認可を受け、三十三年一月「財団法人　日本相撲協会」と改称、今日に至っている。

すもうきょうしゅうじょ（相撲教習所）
新しく協会所属力士として登録されたものを教育するところである。昭和三十二年十月に設置された。教習期間は六ヵ月。実技はもちろん教養もみっちり叩き込まれることになっている（午前に実技、午後に教養）。教養講座は、相撲史、社会、国語、運動医学、詩吟、生理学があり、大学の現役のそうそうたる教授陣がうけもっている。優等生、精勤賞などの表彰制度も行なわれている。

すもうじんく（相撲甚句）
巡業や花相撲の余興として歌われる相撲取り独特の歌。名古屋甚句の流れともいわれる。力士声で相撲取りの哀感をしみじみと歌い上げる。相撲甚句のファンは数多い。

すりあし（擦り足）
土俵での基本的な運び足。土俵で動く場合、決して足の裏を土俵の砂から離さぬようにすって歩くこと。両足の爪先（特に親指）に力を込めることがだいじといわれる。

せきとり（関取）
横綱以下十両までの力士のこと。力士は十両になって初めて一人前とされ、〝関取〟と呼ばれるようになる。中国では他人に呼びかけるときに〝先生〟というが、相手の身分がわからない場合でも通用する。力士には〝関取〟といえば間違いなく、礼も失しない。↕取的。

せきわけ（関脇）
大関の名称が出きてから、その脇というので関脇の称が出たのであろう。これも江戸中期以後で起源はあきらかでない。

せわにん（世話人）
若者頭の助手で、幕下力士が引退し部屋に残って部屋の雑務に当たる。

せんしゅうらく（千秋楽）
興行の最終日のこと。略してラク（楽）ともいう。十五日間制では十五日目のこと。

そんきょ（蹲踞）
爪先立ちで、十分にヒザを開き、腰を深くおろし、上体を正しく、重心を安定させた姿勢。基本姿勢のひとつ。

だしっぺい（出し幣）
太鼓やぐらの前方へ出ている二本のサオの先端につけられている幣。天にささげる幣の意味がある。

たてみつ（立褌）
締め込み（回し）のうしろ結び目から、股にたてに覆った部分。回しは腰にまいているので横になっているが、締め込みの結び目がタテになっている。〝縦褌〟とも書く。

たまり（溜り）
正式に土俵溜りという。土俵下の審判員、力士、行司などが控える所で、正面を正面溜り、向正面を行司溜りという。東西には各控え力士が待機する。

ちからがみ（力紙）
これは半紙を半分に截って水桶の上に垂れておく。相当古くからあったものらしく、力士が身を清めた後に顔をぬぐい体をふくのに用いているので「化粧紙」とも呼んでいる。

ちからみず（力水）
東西の花道に面した赤房と白房の土俵下に水桶がおいてあり、これを、力士がうがいをしたり身を清めたりする用に供しているので、「力水」とも「化粧水」とも称している。これを勝ち力士が控え力士からうけて土俵上の出番の力士が口をすすぐ。決して負け力士が水をつけることはないので、結びの力士が二番とも負けた場合にはその力士の付人（幕下）がきて水をつけることになっている。

ちゅうもん（注文）
作戦のこと。相手に対して自分が有利な体勢に持っていくことを、注文つけるという。

ちょんまげ（丁髷）
一般では力士のいうマゲ全体をいっているが、相撲界では、現在幕下以下の力士が結っているマゲをさす。関取衆は割り（取組）や正式のとき、マゲを大銀杏（おおいちょう）にする。しかし、ふだんはこのちょんまげである。

ちりをきる（塵を切る）
塵浄水の略語で、昔野外相撲をしていたころ、水がないときに、雑草（塵草）をむしりとって、手を清めたところから、ちりをきるといわれた。また腰をおろし手をあわせてから、腕を左右にひらくので、相手力士や観衆に、はだかで相撲をするので、刃ものなどをかくしてはいない、ということをしめすためともいわれている。

つけだし（付け出し）
最下級から順序を踏んで進まずに、ただちに幕下なり、三段目などに出されることをいう。特別に技倆をみとめられた大学相撲などの場合。

つけびと（付人）
十両以上の関取になると、身の回りを一切世話する幕下以下の力士が、付人として配属される。ふつう、十両で三人から四人、幕内で四人から五人、横綱になると十人くらいの付人がつく。

であし（出足）
土俵内での運び足のひとつ、もっともだいじな前進のこと。上体の動きに足がともなうこと。スリ足であることがりっぱな出足とされる。

てがたなをきる（手刀を切る）
勝ち力士が勝ち名乗りを受けるとき、行事が軍配にのせてさし出す懸賞をうけるときの作法をいう。勝利の三神ともいう。故実では初め真ん中、次に右、最後に左へと、三回軍配の上で手刀をきる。

てんのうしはい（天皇賜杯）
本場所の最高優勝力士に授与されるカップ。銀製で、高さ一〇八センチ、口径三十三センチ、三十六リットル入り、重さ三十キロ。優勝旗とともに持ち回り制である。

とくだわら（徳俵）
土俵上東西南北の中央に埋めてある俵で、円周の俵より一俵ぶんずらせてある。他の俵のところなら踏みきって負けになるはずがここだけは、ずらせてあるから足が土俵内に残るので、徳俵の名が生まれた。

としより（年寄）
引退した力士や行司で年寄の名跡を襲した者。協会運営では相撲の興行に従事したり、部屋で門弟を養成していく。個人的には親方と呼ばれる。正式には、財団法人日本相撲協会の評議員。

どひょう（土俵）

相撲を取る規定の場所。俵で境界線をつけた、内径四百五十五センチ（十五尺）の円形。土は荒木田。硬くつき固めてある。

どひょうをわる（土俵を割る）

土俵から出たことを、土俵を割るという。

とりてき（取的）

関取でない若い力士のこと。とくに下のものについていう。〝ふんどしかつぎ〟とほぼ同じ。

とりなおし（取り直し）

勝負がはっきりしない場合に再び取らせること。水が入っても（二度の）勝負がつかず疲れたときは二番後に取り直させることになっている。

どろぎ（泥着）

けいこ場その他で力士がちょいとはおる浴衣（ゆかた）のことをいう。着ふるしたものを用いる。土や砂がついても気にしないのでドロ着という。

ないき（内規）

文書等には書かれていないが、協会内部における取り決め。たとえば、〝同時横綱昇進の場合は、先に引退したものを前の代数とする〟とか〝幕下十五枚目以内で全勝優勝したものは十両入り〟といったこと。

なかいり（中入り）

十両の取組が終わって、幕内の取組に入るまでのひとくぎりの時間のこと。この間に幕内土俵入り、横綱土俵入り、明日の取組披露などが行なわれる。

なかび（中日）

相撲興行期間のちょうど真ん中に当たる日のこと。

十五日間興行でいえば八日目がこれに当たる。芝居などでもこの言葉を使っている。

にじぐち（二字口）
土俵の外俵と蛇の目の砂を含む、徳俵のあたりをいう。昭和の始めまで、土俵の俵が二重になっていたときに、この徳俵のところが「二」の字のようになっていたので、いまでも二字口といわれる。

はなずもう（花相撲）
勝っても負けても、番付の昇降や給金に関係のない興行で、野球でいえばオープン戦のようなもの。花相撲には、本場所に見られぬ、初っ切り、相撲甚句、太鼓の打ち分け、五人抜きなどがみられる。巡業興行も同様である。

はなみち（花道）
土俵の四方の角に通っている通路をいう。力士は向正面側の東西の花道から登場する。

ばんづけ（番付）
力士、年寄、行司などの地位を示す一覧表。毎場所の十三日前に発行される。番付を印刷してある紙は、〃番付用紙〃として高知県に特注してつくっている和紙。寸法は天地五七・七センチ、左右四四センチ。

ひだりよつ（左四つ）
互いに左腕を差した四つ身のこと。

ひっぱりこむ（引っ張り込む）
上手の得意なものが、相手に差させ、上手を取るなりして、引っ張り込むようにしてかかえ込むこと。

ふみきり、ふみこし（踏み切り、踏み越し）
押されるか寄られるかして、足のかかとの方が、土俵外の地に出るのを踏み切り。寄っていって、足の爪先が出るのを踏み越しという。いずれも負けである。

ほんばしょ（本場所）

以前は一月と五月の二場所、あとはもっぱら巡業に出たのだが、昭和二十八年から四場所制、三十二年から五場所、三十三年から六場所制となった。本場所の成績によって番付がつくられ、給金が直される。今は十五日期間で部屋別総当たり制となってている。

まった（待った）

立ち合いの際、一方がつっかけたのに対して、立たないこと。気あわずして仕切り直しということになる。制限時間後の仕切りでは原則として〝待った〟は許されない。待ったした場合は蹲踞（そんきょ）なしで仕切ることになっている。

まとも

正攻法という意味の他に、あまりにも真っ正直で策がなさすぎること。攻撃のときにいうことが多い（例「まともに引いて自滅」）。

まわし（回し）

締め込み（取り回し）や、けいこ回しの総称。

まわしをきる（回しを切る）

相手に取らせた廻しを放させること。種々の方法がある。

まわりこむ（回り込む）

相手が激しく寄り進んでくるのを避けながら、土俵際を右か左へ転身しつつ、自分の不利な体勢を挽回し、攻撃に転ずる機会を狙う。土俵際に余裕をもっていても、大きく回り込むことがある。

みぎよつ（右四つ）
両力士が組んで右手を差したときをいい、左手を差せば左四つという。両手を差せばこれは、両差しである。

むねをかす（胸を貸す）
上位力士が下位力士にけいこをつけてやること。

むねをかりる（胸を借りる）
下位力士が上位力士にけいこをつけてもらうこと。

むねをだす（胸を出す）
ぶつかりげいこの受け手となること、受けること。上位力士に対しても、下位力士に対しても使う。〝胸を出す〟と〝胸を貸す〟、〝胸を借りる〟と〝胸を出してもらう〟を混用する向きがあるが、区別して使う。下位力士が上位力士にぶつかりげいこの胸を出すことがある（たとえば幕下が横綱に）が、この場合、幕下が〝胸を貸す〟とはいわないし、横綱が〝胸を借りる〟とはいわない。あくまで〝胸を出す〟であるし、〝胸を出してもらう〟である。

ものいい（物言い）
行司の裁きに納得がいかないとき、審判委員が異議を申し入れること。控え力士も物言いをつけることができる。しかし、協議への参加権はなく、アッピールのみ。取っている本人は物言いをつけることはできない。物言いがつくと土俵の審判委員が全員土俵に上がって、軍配どおりか、差し違いか、同体で取り直しかを決定する。このとき、幕内取組にかぎり、別室の係（＝審判委員）がＮＨＫテレビの画面をＶＴＲで再生、土俵上の審判と連絡、参考にしている。そうして決まった経過、判定を正面審判（幕内、十両の取組では部長、副部長）が場内説明する。

やぐらだいこ（櫓太鼓）
相撲興行を知らせるために、やぐらの上で打つ太鼓。相撲情緒を盛り上げるものの一つである。寄せ太鼓（早朝に叩く…客を寄せる）とはね太鼓（打ち出し《場所がはねる》と同時に叩き始める）が基本。このほかに巡業や花相撲の土俵では取的が場所入りするころには一番太鼓、関取が場所入りするころに二番太鼓が打たれるとして、紹介される。

やちんがたかい（家賃が高い）
自分の実力以上の地位に上がったため、苦しい、とくに負けが込んだ状態。身分不相応の家に入って家賃を払いきれない意味。

よこづなしんぎいいんかい（横綱審議委員会）
昭和二十五年夏場所中に生まれた横綱決定の審議機関。各方面の良識者をもって構成された委員は、横綱すいせん、その他、横綱に関する諸種の案件につき協会の諮問に答申し、またその発議に基き進言する。

わかものがしら（若者頭）
年寄株を買うことのできない十両以下の力士が、親方の申請により協会で承認して部屋に残ってつとめる役。役目は幕下以下の力士の監督、けいこの指導をする他、本場所の取組の進行係をやるのが、主な役目だが、その他雑用が何かと多い。明治の頃までは準年寄の待遇であった。定員は一応十二名以内と決められている。しかし協会では新規採用は認めない方針のようだ。定年六十五歳。

わり（割り）
取組のことで、取組が決まったことを、取組表の顔ぶれが決まるという。

【著者略歴】
赤嶺逸男（あかみねいつお）

昭和17年７月１日、台湾台北市に生まれる。
戦後、母の実家のある東京に引揚げ、その後父の故郷、沖縄に戻る。
沖縄県立那覇高等学校卒。
早稲田大学卒。
南島史学会会員。
平成15年３月、住友生命定年退職。
現住所
東京都八王子市北野台１-19-14

大相撲に魅せられて

平成17年２月20日　印刷
平成17年３月３日　発行

著　者――赤嶺逸男
発行者――佐藤今朝夫
発行所――株式会社国書刊行会
〒174-0056 東京都板橋区志村1-13-15
Tel.03-5970-7421 Fax.03-5970-7427
http://www.kokusho.co.jp
印　刷――株式会社ショーエーグラフィックス
製　本――有限会社青木製本

ISBN4-336-04688-3
落丁・乱丁本はお取替えいたします。